子どもの問いからはじまる授業！

6つのステップですぐ取り組める！

樋口万太郎

JN012685

学陽書房

はじめに

みなさん、こんにちは。樋口万太郎です。

本書を手に取ってくださったのは、「現状の授業に悩みを持っている」あるいは「『問い』というキーワードに興味を持っている」という方ではないでしょうか。

いま、社会や世界の動きについて予測が困難な時代を迎えつつあります。そうした時代に対応するため、これまでの一律・一斉・一方向型の授業ではなく、児童一人ひとりの「個」に寄り添い、多様性を尊重した学びを保障することが求められています。「主体的・対話的で深い学び」というキーワードとともに、いままさに「問い」が授業を改善するための１つの視点として注目されているのです。

そこで、本書では、子ども自身の問いから生まれる授業をつくる、

「問いづくり」→「問いベスト３を選ぶ」→「問い解決タイム」→「問いを単元の流れの中に位置づける」→「シンキング課題にチャレンジ」→「問いを振り返るタイム」

という６つのステップを提案しています。

従来の授業にこのステップを取り入れるだけで、すぐに「子ども自身の問いから生まれる授業」に取り組むことができます。

子ども自身の問いから生まれる授業により、子どもたちがよりアクティブになり、その結果、授業者自身も授業が楽しいと思えるような授業改善につながる、そうした一助となることを願っております。

2020年２月

樋口　万太郎

子ども自身の問いから
はじまる授業をつくる
６つのステップ！

ステップ1　**問いづくり**

単元開始１時間目の終盤から
問いづくりをする！

ステップ2　**問いベスト３を選ぼう！**

たくさん出た問いから、
よい問いを選ぶ！

ステップ3　**「問い解決タイム」をつくろう！**

問いを解決する時間を
しっかり確保！

ステップ4　問いを単元の流れの中に位置づける

問いを単元の学びの中に
しっかり位置づけ、
問いと単元の学びの関連性
をみんなで考える！

ステップ5　最後に教師からの課題を考えてもらう

単元の学びをフル活用すると
解けるシンキング課題に
チャレンジ！

ステップ6　「問いを振り返るタイム」をつくろう！

振り返る時間をつくると、
学びも学び方も深まる！

この６つのステップを使うと子どもが「問い」づくりにどんどん夢中に！

短時間でしっかりと単元の内容も押さえた授業ができます！

第1章
子どもの問いからはじまる授業！
～6つのステップですぐ取り組める！～

第2章
問いを取り入れた授業づくり
問いづくり編（ステップ1～2）

ステップ1　問いづくり

第3章 問いを解決し、単元に位置づける！ 解決と位置づけ編（ステップ３～4）

第4章
課題に挑戦し、問いを振り返る
シンキング課題と振り返り編（ステップ5〜6）

第5章
問いを生かすための手立て
～子どもの問いを生かせる教師になるために～

第6章
各教科ごとの問いからはじまる授業実践例

第1章

子どもの問いから はじまる授業!

～6つのステップで すぐ取り組める!～

これからの時代に
より大切になってくる「問い」

学習指導要領において

2020年４月から施行される「学習指導要領」では、学習の基盤となる資質・能力の１つとして、**問題発見・解決能力**が大切だということが明示されました。明示されて以来、「問い」や「創造」という用語がより注目を浴び始めたように感じています。本書もこの「問題発見・解決能力」についての本になります。

現在、日本各地の附属小学校の研究テーマやセミナーのテーマに「問い」が使われることが多くなってきました。ここ数年で、「対話」「深い学び」に代わり「問い」というテーマの学習会や書籍が増えてきており、「問い」が注目されているのは明らかです。

私の勤務先である京都教育大学附属桃山小学校でも、幼稚園と中学校と連携して、「探究的に学び続ける子を育成するために大切にする子どもの問い」をテーマに研究を進めています。

授業改善の視点である「主体的・対話的で深い学び」を実現するために、「問い」は必要不可欠です。

子どもたちの中から生じる疑問、問題意識、探究心が、子どもたちが学びを進めるための原動力になります。算数科の学習指導要領解説には、「問い」という用語が登場しています。なぜ、ここまで「問い」が注目を浴びているのか。それは、「子ども主体」だからです。

これからの時代に必要なこと

近い将来、AIがさまざまな仕事を代替してくれるようになり、人間が行うべき仕事の内容が変わっていく可能性があると言われています。そのときのために子どもたちに必要なのは、いまだ誰も見たことのない「問い」を主体的に発見し、他者と協働して解決していく力です。児童一人ひとり、違う「問い」を発見する力が必要です。大人になっても「問い」続ける人にならないといけません。大人になったから急にできるようになるわけではなく、「問い」づくりをしたり、「問い」を解決したりするといった経験を積むしかありません。

「問い」と「めあて」

いま、日本各地で○○スタンダードがつくられ始めています。このスタンダードには、「めあて」を必ず板書することが求められるケースが多いです。このめあてを書いていなくて、校長室に呼ばれて叱られたという話も聞いたことがあります。

しかし、多くの授業で、この「めあて」の使い方を再考するべきケースを多く見かけます。**めあてとは、問題に対して、子どもが考えてみたい・調べてみたいといった思いから問題を解決するための道しるべ**のようなものです。問いの原動力と似ていると思いませんか。

しかし、多くの授業で、教師の方から一方的に「めあて」が提示されています。中には問題より先にめあてが提示される場合もあります。たとえば、「分数×分数の計算の仕方を考えよう」と問題より先に提示されるのです。これで、「考えてみよう」と思うでしょうか。これでは本来の「めあて」とは言えません。「問い」も「めあて」の二の舞になってはいけません。それを防ぐための対策として、今後語っていく具体的な手立てが必要不可欠だと私は思っています。

「問い」を取り入れると学びが変わる

? 子ども自身の「問い」から生まれる授業が本当に必要？

新学習指導要領が提示されてから、探究や問いを立てるということの重要性が高まってきてはいますが、それでも、授業の中で、なぜ「問い」を子どもたちがつくることをやらないといけないのかと悩む先生もいると思います。そこで、私自身が問いをつくる授業にはまるようになった経緯をお伝えします。

? 子どもの学びの姿に喜びを！

学校現場では、教科書の内容を教え、反復練習をするだけでも授業時間がぎりぎりという状況があります。「子どもが自由に発想して問いをつくる時間などとてもとれない。そんな手間はかけられない」という人も多いことと思います。

しかし、授業で子ども自身が問いを立てるということをやっていくと、**明らかに子どもの学びがまったく違うものに変わってきます。**

私たち大人は「勉強とは教えてもらうもの」「教師が教えるもの」「テストで決められたとおりに解けるようになればよい」などと考えがちです。しかし、子どもがつくった問いを取り入れた授業を重ねていくと、教師自身さえ「え？　それは考えたことがなかった。いったいそこはどうなっているんだろう？」などと驚かされることがあります。
　また、子ども自身が問いをつくり、調べていく中で、いままでのただ教師の方から教える授業で得られる情報よりもはるかに多くの情報を得ることができたり、**子ども同士の話し合いも白熱したものになったり、子どもの爆発的な学びへの集中力が発揮されるようになり、明らかに「学び」の質がまったく違うものに変わります。**
　このような子どもの姿を見ることができるのは、担任として何よりの喜びです。そういった喜びを味わえるため、授業中の私の笑顔も増えました。そして子どもの笑顔も増えました。授業中に笑顔が溢れているのです。そして子どもたちと授業をすることがとても楽しみになりました。「あ〜、明日は社会の授業か……」といったマイナスな気持ちではなく、「早く子どもたちと社会の授業をしたい！」というプラスな気持ちになったのです。

 このやり方にはまった最大の理由

　とりわけ、「問い」をつくる授業にはまった最大の理由は、「これまでの自分の授業に疑問が生まれた」ということです。
　私は算数の研究を行っています。算数を中心に、これまでも「問い」を意識した実践を行ってきました。しかし、導入を工夫したり、問題を工夫したりと、**子どもたちが問いを生み出すために教師が工夫をしていたのです**。これらの工夫は大切なことですし、いまでも行っていることです。**しかし、これだけでは、教師が工夫をしないと、問いを生み出せない、教師がいないと何もできない受け身の子どもになるのではないか**という不安があったのです。
　しかし、子どもに問いづくりをまかせる授業に取り組み始めて、そうした不安を子どもたち自身が吹き飛ばしてくれるようになったのです！　また、「問い」づくりのポイントを絞ることで、子どもたちは制限時間の中でよりよい学びを自分たちで進めるようになったのです。

「問い」とは何か
問いづくりの難しさ

? 問いをつくる授業は難しい？

「問い」づくりからの授業に難しさを感じる先生も多いことでしょう。樋口学級でも、初めて問いづくりを行ったとき、子どもから「え～、難しそう」「そんなのつくれないよ」「問いなんかないよ」とマイナスなことを言っている子がいて、進める難しさを感じました。

小さいときには「なぜ？　どうして？」と聞いていた子たちが、どうしてこうも変わってしまうのでしょうか。子どもにとって授業での「問い」づくりのどこが難しいのでしょうか。４つの原因が考えられます。

原因１　問いをつくるための「視点」がない

子どもたちには、問いをつくるという視点がありません。だから、「どのような問い」をつくればいいのかがわかりません。教師が問いづくりの「視点」や「手立て」を与えずに丸投げ状態で活動を行えば、子どもはどうしたらいいかわからず、困ってしまいます。そのため、問いをつくる視点や手立てを与えることが必要です。

原因２　問いへの「有効性」を感じていない

問いをつくる授業では、子どもが立てた問いを解決する時間をしっかり設け、単元の中に問いを位置づける必要があります。そうでなければ、子どもは問いの有効性を感じられません。

問いを取り入れた授業をしてから、振り返りを書いてもらったところこんな感想が出ました。

> 最近の授業は、問いを作って、「不思議だな」「どうなっているのか」などの問いについて、調べてみるという授業が増えていると思います。でも、問いを調べてみると調べる習慣がついたり、知っていなかったことがわかったりするのでとてもいいと思いました。

調べたり考えたりする時間をじっくりとることで、知識と知識が関連づけられ、いわゆる「深い学び」が生まれることを子ども自身も体感します。自分たちで解決する時間が確保されれば、子どもは子ども同士で学ぶ方が理解しやすいことに、自分自身で気づくようになります。

原因３　問いをつくり、解決できる環境がない

問いをつくり、解決できるようにするためには、教師が指示をしなくても自然に協働して問いづくりや問いの解決に取り組める環境が必要です。これらを禁止していたり、教師の指示だけのような環境では、子どもは問いを取り入れた授業の「有効性」を感じづらいでしょう。

自然な協働の生まれる場をつくるのは、実は難しいことではありません。「いまの授業スタイルの一部をアップデートしていく」というイメージでいいのです。人によっては、教師が仕切る授業から、子どもにまかせる授業へと教育観のアップデートも必要かもしれません。

原因４　問いづくりや問いの解決を自由にできる「安心感」がない

子どもたちの質問に「いま、忙しいから」「どうして何度も聞くの」と反応していたら、自然に問いづくりをしていた子どもたちが質問してはいけないと思ってしまいます。

そうならないよう、子どもが活発に質問したり、子ども同士で解決しようとする姿を大いに励まし、安心感をつくることが必要です。

私の体験談 手応えを感じるまでの道のり

問いづくりを始めるとき

授業で問いづくりを始めようと決めたとき、
「本当に授業で定着するのか」「本当に有効なのか」
という不安な思いでいっぱいでした。しかし、「主体的・対話的で深い学び」を実現するために、「問い」は必要不可欠だから、頑張っていかないといけないという思いもありました。

そこでうまくいかないことがあっても、改善しながら子どもたちと取り組んでいこうと決意をし、問いづくりをスタートしました。

初めて「問い」づくりをしたとき

初めての問いづくりは、国語で行いました。

子どもたちに「問いづくりの源」の6つの視点（32ページ）を提示し、問いづくりをしたときです。このとき、子どもたちの表情は「おもしろそう」という表情もあれば、「ふーん……」「え⁉　どうして問いづくりしないといけないの？」といった表情もありました。前述のように「え～、難しそう」「そんなのつくれないよ」「問いなんかないよ」とマイナスなことを言っている子がいて、進める難しさを感じました。個人で問いをつくったときには、まだ手応えはなかったのですが、「問いベスト３」をグループで考え始めたとき、**子ども同士の話し合いが白熱したもの**になり手応えを感じ始めました。

実は、そのときは「深イィ・浅イィカード」（35ページ）はありませんでした。子どもたちからの「問いの型にしづらい」という要望と私の「より教科の本質に近い問いづくりをしてほしい」という願望から作成し、２回目の社会の授業から登場しました。

初めての「問い解決タイム」

初めての「問い解決タイム」（50〜55ページ）。やはりドキドキしていました。自分で問いを立てたものの、それを子どもたちはアクティブに解決してくれるのか、とても不安に思っていました。

しかし、その不安はすぐになくなりました。子どもたちが自分の問いを解決しようと、話し合ったり、じっくり考えたりしている姿を見ることができました。

授業後に振り返ったとき、「問いベスト３」（38〜39ページ）が有効であったことに気がつきました。「問いベスト３」によって、グループの中の問いが拡散された状態から焦点化されたものになったこと、そして「問いベスト３」を決めるために、自分事の学習になっていることが理由だと改めて子どもたちの姿から気づくことができました。

その一方で、「問いには必ず答えがある」「問いを解決することができなくて、モヤモヤしている子がいる」といった新たな悩みが出てきました。子どもたちが一生懸命に考えた問いなので、解決したいという思いはよくわかります。しかし、解決することができない問いがあることも事実です。そこで、「解決できない問いがある」ということを語り続けました。

また、問いを解決するとき、ネット検索をすることが一番便利だと思っている子が多いことには悩みました。しかし、ほかの方法も伝えていくことで、子どもたちはどんどん変わっていきました。その姿に、勇気をもらうことができました。

 「問い・ストーリー」の誕生

最初、「問い・ストーリー」はありませんでした（62〜69ページ参照）。

問いづくり、問い解決タイムの子どもたちの様子を見て、手応えを感じている一方で、何か学習が締まらない、ぼやっとしたものという感覚が自分の中でありました。そのため、単元の目標を達成することが本当にできているのかということを悩みました。

その悩みを解消するために、考えたことが「問い・ストーリー」でした。単元の見通しを子どもたちが持てるようにするために、自分がつくった問いと単元の学習を関連づけることができるようにという願いを込めて開発しました。

「問い・ストーリー」を取り入れると、私が提示する前に、自分たちで作成する子もいました。自分たちで作成をしたということは、それだけ有効に感じている証拠です。

「問い・ストーリー」を授業で提示することによって、学びを深めていく姿を見ることができ、とても手応えを感じました。

シンキング課題・振り返り

シンキング課題（詳しくは76ページ）は「問い」を取り入れる授業を行う前から、行っていました。単元で学習してきた知識を活用するための課題です。取り入れる前から、シンキング課題は有効だと感じてきました。しかし問いをつくり、問いを解決する中で、子どもたちの知識の量が大幅に増えたり、問い・ストーリーにより学んできたことを整理するため、シンキング課題をより知識を活用して考えることができるようになり、よりシンキング課題の有効性を感じるようになりました。

「問いを振り返るタイム」で提示する６つの視点の内容も悩みました。本書に掲載している６つの視点になるまでに、10回近く変わっています。子どもたちの様子を見て改善したこともあれば、「みんなはどんな視点があれば振り返りを書きやすい？」と子どもたちに意見を聞き、子どもたちの意見をもとに改善したこともあります。問い・ストーリーに載せる項目についても同様に聞いたことがあります。子どもたちとともにつくり上げてきたおかげで、振り返りで書く量がとても増えていきました。また、新たな問いを発見しているといった子どもたちの姿にも手応えを感じました。

手応えから確信へ

多くの場面で、友だちと協力したり、考えを共有したりする場面を多く取り入れました。最初は協力し合うことが難しいケースもありました。話し合いが白熱するあまり、喧嘩になったこともありました。

しかし、何度も続けていくことで、子どもたち同士で関係を築いていくことができました。それは学級経営にも影響がありました。授業で学級経営を実現することができたという手応えもありました。

22ページで紹介している問いを取り入れた授業を１カ月行った後の子どもたちの感想にも手応えを感じました。そして、１学期間後に行った感想（24ページ）でも、問いを取り入れた授業を改善し続けたことに手応えをより感じることができました。内容もさることながら、書く量が大幅に増えたのです。というように、さまざまな段階において、子どもたちの表現物（表情、様子、感想など）から手応えを感じることができ、いまではその手応えの積み重ねから問いを取り入れた授業をするべきだという確信を持つようになりました。

本書で書いていることがゴールではなく、これからもどんどん改善していこうと考えています。読まれているみなさんも本書をベースにアレンジを加えていってもらえると嬉しいです。

「問い」を取り入れた授業への子どもたちの感想
～1カ月後～

子どもたちはどう思っているのか

「問い」を取り入れた授業を開始してから約1カ月後の、6人の5年生の子どもたちの感想です。この子たちは、本書のすすめる「問いづくり」を授業に取り入れ始めたのは2学期からでした。

「最近、授業では問いを自分たちで作り、調べるという授業をしている。僕はそのような授業に賛成だ。なぜなら、自分達で興味を持ったことを自分たちで解決できるからだ」（男子）

「最近、授業の中「問い」を考え解決することが増えました。この勉強スタイルは、自分の疑問がわかるうえ、これを具体的な解決もできるので勉強になりました」（女子）

「授業でよく問いを作って調べています。そして、自分が知りたいことを調べられるので、私は問いづくりが好きです」（女子）

「今日は理科で問いの解決をしました。ぼくの問いは、「アサガオの毒の量」を調べたのですが、自分が予想していたよりも、全く違う結果だったので、とても驚きました」（男子）

「最近は自分たちで問いを作り、その問いを自分たちで解決するという授業が多くなりました。僕はこの授業をしてからより勉強をするようになりました。それは自分が興味を持っていることを調べているからだと僕は思いました」（男子）

➡ねらっていた効果を子どもたちが実感してくれたんだと嬉しくなりました。

「私は、問いを作り、解決していくことは楽しいと思っています。なぜなら、インターネットや本などで調べて、それをまとめて話し合うということは楽しいからです。でも、時々班でケンカ？みたいになってしまいます」（女子）

➡「ケンカ」という言葉は使っていますが、それほど自分たちの問いやその答えによって熱く交流しているとも言えます。

「問い」を取り入れた授業への子どもたちの感想
〜1学期後〜

前ページで感想を述べてくれた子たちが、１学期間「問いづくり」を取り入れた授業を行った後の感想です。

「考えることはあまり得意ではないです。ただ、問いを考えることによって自分の学習が普段先生から教わっていることより更に深まると感じています。なぜなら「自分が」考えて出したものを深めているからです。また、樋口先生の場合問いについて思っていることをテキストで色分けして更に交流をするから、その問いとしっかり向き合える時間もあり、周りの人の話を聞くことによって「このような視点から見た考えもあるのか」と思うことができます。授業の内容が深まること＋自分の考え方も同時に深まるので結論を言うと問い学習はこれからも様々な場面で活用していければ良いと思いました」（女子）

「問いを取り入れた授業だと先生が一方的に質問してみんなが答えるというスタイルじゃなく、みんなが自分で気になったものを問いとして自分で自分なりに答えを見つけるというスタイルになり、生徒にとっては先生がペラペラ喋っていくよりも心に残る。先生が授業をすると教科書通りに授業は進んでいくが、子どもたちに問いを考えさせると新しい気づき、発展があり教科書という枠にはまったものよりも

もっと自由な発想が膨らむ。先生が喋っていくだけの授業は面白くない時がある」(男子)
➡本音の感想です。このように思っている子は多いことでしょう。

「僕は問いに対する授業はいいと思います。なぜなら今までは、授業で先生が教えてくれることしかわからなかったけれど、問いを考えるようになってから、たくさんのことがわかるのが良いと思います。もし問いをみんなで共有することができれば、自分でも思いつかない問いの答えが出てくるので、クラスのみんなが共有して、高めあうことができる気がします。僕はこの問い制度が導入される時は、本当に問いが出てくるのかが少し不安でした。答えは、出てきた時も、出てこなかった時もありました。けど、出てこなくても教科書に書いてあることをたくさん読んで、それに対しての発展がないかなども考えることができたので、自然と教科書の内容も熟読していたり、考える力を高めることができたのでよかったと思います。このように問い制度を導入してから、沢山の力が身についたし、より一層教科書の内容を読むようになったのでよかったです」(男子)

「問いを取り入れた授業に関しては、国語などではなんとなく流していたはじめて聞くときなども、(もっとちゃんと読んでどんな疑問が生まれるか考えないと。) という意識が高まって、より深く考えることができるので良いと思います。また、問いストーリーを建ててくことで、(この問いはここから答えを見つけたら良いのだな。) と考えることができるので、そちらも良いと思います。でも、読んでみて、なかなか問いが見つからない時はしんどいように感じます…」(女子)
➡この感想を見た後に、「問いは無理に出す必要はないよ。無理に出し過ぎると、それは問いではないかもしれないよ。もし思いつかなくても、友だちの問いを聞いて、単元を進めていく中で思いつくこともあるかもしれないよ」という話をしました。

「問い」の大切さ
「問い」を始める学級へ
樋口学級の児童のアドバイス

? 樋口学級の子たちからのアドバイス

問いを始める学級の子へのアドバイスとして、樋口学級の子たちが書いてくれたものを紹介します。

アドバイス1

小さな問いでも調べていけば、また新たな問いができるかもしれないから少しでも疑問に思ったら調べるといいよ。(男子)

アドバイス2

問いは自分だけのものじゃないから友達とも交流をしてさらに問いが生まれるかもしれないから交流も大切。(女子)

アドバイス3

授業の問いの場合、答えが見つかりやすい問いよりよく考えて答えが見つかる問いの方がやり終えた時に達成感が出るので、分かりやすい問いよりもようく考えて見つかる問いの方がいいと思います。(男子)

アドバイス4

関係のない問いは、省くことは大切かも。(男子)

アドバイス5

多分途中で問いが見つからなかったりすることがあると思いますがそのような時は、頑張って問いを無理やり出そうとしないで、一旦教科書を見返して、これどうゆうこと？　と教科書にツッコミを入れてみてそれを問いにしたらいいと思います。（女子）

アドバイス6

その問いはYES・NOで決まる問いか、その問いはちゃんとみんなで解決できる問いなのかを考えよう。（女子）

アドバイス7

授業内容と自分の考えを深める、これを意識して取り組もう。問いには「深い問い」、「浅い問い」というものがあり、深い問いほどこれから後に最初の問いと関連づいている問いに出会うことができるよ。（男子）

アドバイス8

「あまり考えずに、自分の思ったことを問いにする」です。なぜなら、初めて取り組む人達はどんな事を問いにしたらいいか分からないと思うからです。難しく考えずに授業中になんとなく思った疑問でも、十分な問いになるので自分の思ったことを問いにすることが大事だと思いました。（男子）

アドバイス9

〈社会の場合〉・単純にこれどうなっているんだろうと思ったものを問いにすればいい。
〈国語の場合〉・この文章の構成・言葉面白いなどうなっているのか気になるなと思ったものを問いにすればいい。
〈理科の場合〉・これをこうしたらどうなるんだろうと思ったものを問いにすればいい 。（女子）

第1章まとめ

「問い」を授業で扱う重要性と課題

「問い」とは、学びを進めていく原動力です。

子どもたちの中から生じる疑問、問題意識、探究心が「問い」になります。

「問い」を取り入れた授業では、明らかに子どもの学びが変わってきます。子ども同士の話し合いも白熱したものになったり、子どもの爆発的な学びへの集中力が発揮されるようになり、明らかに「学び」の質が全く違うものになります。

●子どもが感じる問いづくりの4つの難しさ

原因1　問いをつくるための「視点」がない

原因2　問いへの「有効性」を感じていない

原因3　問いをつくり、解決できる環境がない

原因4　問いづくりや問いの解決を自由にできる「安心感」がない

第2章

問いを取り入れた授業づくり

問いづくり編（ステップ1〜2）

ステップ1　問いづくり①

問いづくりは授業のどの時点から始めるのか？

問いづくりを行うタイミング

さあ、では問いづくりの授業を始めていきましょう！　問いづくりの授業を始めるときに、子どもたちが問いづくりをするタイミングは、

「単元開始１時間目の終盤」

です。単元に「問い」をしっかり位置づけるためには、「子どもたちが共通する事象があってからの問いづくり」が出発点になります。だから、１時間目の最初からではありません。

子どもたちの間に何か共通する事象がなくても、テーマさえあれば問いづくりは可能かもしれません。しかし、全員が共通する事象がないと、子どもたちがつくり出す問いが拡散しすぎてしまいます。

５年社会「水産業」で、水産業というテーマだけで問いを考えると、「マグロはなぜおいしいの」「日本人が１番好きな魚は何か」「あなたは肉と魚のどっちが好きなのか」というように問いが拡散しすぎてしまいます。その結果、問いが単元に位置づけられなくなってしまうのです。

各教科の具体的なタイミング

子どもたちに共通する事象をつくった後、自分の場合、たとえば国語の物語文では、文章を範読した後、ごく簡単に初発の感想を書かせ

ます。この初発の感想を子どもたちに書かせるときに、次ページから説明する「問いをつくるときの６つの視点」を示して、「この６つの視点で分類しながら、初めて読んだ感想を書いてみよう」と伝えています。社会科や理科では、１時間目の授業を行い、その授業を踏まえ、６つの視点を提示し、「これからの単元では、○○をテーマに学習を進めていきます。今日の学習を踏まえて、この６つの視点で問いづくりをしてみよう」と伝えます。

道徳は授業中盤で、算数では常に、「問いづくりの６つの視点」を意識させながら取り組んでもらうようにしています。

問いづくりの時間配分

６つの視点から考えを書きだし、それを問いに変換していくまでを**１時間目の終盤に行います**。６つの視点からの考えを書きだすことができれば、それを問いに変換するには、さほど時間はかかりません。

６つの視点からの考えを書きだす（10分）→問いに変換（５分）

というような時間配分で行っています。慣れてくると、６つの視点からの考えを書きながら、問いをつくることができるようになります。

６つの視点で自分の考えを整理しているときの様子

ステップ1　問いづくり②

「問い」をつくるときの6つの視点

「問い」づくりの6つの視点

さて、前ページで触れた「問いづくりの6つの視点」のことを説明しましょう。当初、子どもたちが問いづくりに難渋するのをみて、私自身が整理してみたのが、以下の6つの「問い」づくりの視点です。

■「問い」づくりの6つの視点

④
おもしろ
かったこと、
感動したこと
ピンク

⑤
わかったこと
白

⑥
調べたい・
考えてみたい
こと
赤

６つの視点とは

子どもたちの問いづくりがスムーズに進むようにするため、授業で一度、共通の事象を扱った後に、子どもにこの６つの視点を意識しながら、自分の中に生まれてきた考えを書きだしてもらいます。

樋口学級の場合は、この６つの視点を色分けして子どもに伝えています。

疑問・よくわからなかったこと　→　青
驚き・不思議に思ったこと　→　黄
ひっかかったこと　→　黄緑
おもしろかったこと、感動したこと　→　ピンク
わかったこと　→　白
調べたい・考えてみたいこと　→　赤

樋口学級では色分けしていますが、番号にしてもよいかもしれません。たとえば、それぞれの視点に番号をつけ、ノートに「①～～」と書くようにするだけで、どの視点で考えたのかということがわかります。こうしておくとこの後の作業や交流がしやすくなります。

６つの視点を教室に掲示したり、子どもに配付したりすることも有効な手立てです。

６つの視点から問いづくりへ

子ども自身の考えを、この６つの視点で整理してもらった後、「～か？」という疑問文の形に変形し、「問い」にしていきます。「疑問、よくわからなかったこと（青）」「ひっかかったこと（黄緑）」「調べたい、考えてみたいこと（赤）」を選んだ場合は、すでに「問い」となっている場合が多いです。

ステップ1　問いづくり③

問いづくりのときに示す「浅イィ問い、深イィ問い」

子どもたちがつくりだす「問い」には……

子どもたちがつくりだす「問い」の中には、「え？　こんな問いでいいの？」と思うような問いも正直あります。その一方で、5年社会「米作り」で「これまでに、その土地ならではの条件を生かした耕作法があることを学んできたが、庄内平野はどうなのか」のように社会科の本質的な問いをつくりだす場合があります。子どもたちがつくりだす「問い」には、やはり浅い、深いというレベルがあります。

しかし、大切なことは子どもたちがつくり出した問いはどれも価値あるものだということです。子どもたちは解決したい疑問を出しています。浅いからダメというわけではありません。浅いからダメというようなことになると、「どうせ、僕の問いなんか……」とマイナスな気持ちになり、問いづくりに消極的になってしまうおそれがあります。

提示するタイミング

しかし、一方教師には、本質的な問い、もしくは本質的な問いに近い問いをつくってほしいという願いがあります。

そこで、子どもたちが自分の問いの深さを自分ではかれるような図をつくりました。それが次の「深イィ・浅イィカード」です。

このカードは６つの視点による問いをつくっているときに子どもたちに見せます。

このとき、「浅い問いだからだめというわけではありません。自分で立てた問いは自分にとって必要な問いなので大切にしてください。ただ、深イィ問いがあることも知っておいてください」という話を何度も子どもたちにしておきます。

このように提示すると、最初は深イィ問いをつくろうと子どもたちは頑張ります。しかし、何度も問いづくりをしていく中で、本当に自分が解決したい問いをつくり始めます。

学習内容によっては子どもたちのほとんどが浅イィ問いのときもあります。そのような場合でも、単元を進めていく中で新たな問いをつくり出すことになります。浅イィ問いばかりのときは、単元の中で教師から深イィ問いを提示すればいいのです。

■深イィ・浅イィカード

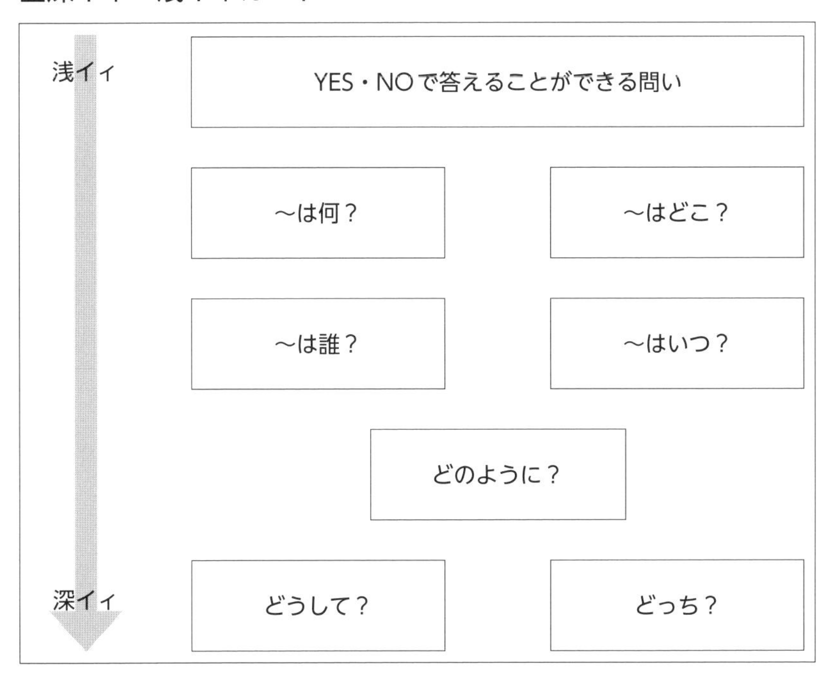

ステップ1　問いづくり④

6つの視点からの問いづくり

6つの視点からさらに深い「問い」をつくっていく

６つの視点で考えを整理した後、前ページの「深イィ・浅イィカード」を見ながら、考えを問いへと変身させていきます。たとえば、

6つの視点：②驚き・不思議に思ったこと（黄）

「大造じいさんはどうしてガンにとどめをささなかったのか不思議に思った」

⬇

問い「大造じいさんはどうしてガンにとどめをささなかったのか？」

6つの視点：③ひっかかったこと（黄緑）

「ごんは兵十にくりなどをあげているのがひっかかった」

問い「ごんは兵十にくりなどをどうしてあげたのか」

というようにです。**６つの視点で自分の考えを書くことができていると、それほど問いづくりは難しいものではありません。**

問いづくりをしたときの子どもの悩み

> 最近「ひっかかったこと」という視点で問いをたくさんつくっていますが、他の視点の「問い」は全くありません。もっと色々な視点からの「問い」をつくった方がいいでしょうか

という問いづくりの悩みを書いてくれた子がいました。

「同じ視点」ばかりの問いでも構いません。無理やりほかの視点で問いづくりをさせる必要はありません。「ひっかかったこと」という視点から、問いづくりはしやすいものです。子どもたちには「**自分が素直に疑問に思ったことを大切にしよう**」という話をよくします。小さな子たちも素直に疑問に思ったことを言います。

「問い」がつくれない子はどうするの？

「それでも問いがつくれない子はどうするのですか？」という質問をよく受けますが、この質問をされる方は問いづくりを難しく考えている場合があります。それぞれの子がどのような「問い」をつくったのか、子ども同士で交流する機会をたくさん設定します。交流することによって、「このような問いもあるんだ」と知ったり、「自分と同じような問いだ」と共感したりすることができるからです。

最初は浅ィィ問いでもどんどん先生がほめれば、問いづくりのハードルは下がっていきます。さらに友だちと一緒に「問い」づくりをしてもらうのも１つの手段です。友だちと話している中で問いづくりのためのポイントをつかむことができるかもしれません。できない子は問いづくりの経験が不足しているのかもしれないので、「〜は何」「〜どこ」「〜はだれ？」「〜いつ？」という浅ィィ問いで問いづくりしてもらうことも１つの手段です。教科書にも「〜ですか」という型で問いが載っています。それを参考にしてもらうのも１つの手段です。

ステップ2　問いベスト3を選ぼう！①

グループになって、よい「問い」を選んでみよう

？ 問いづくり後の教師の悩み

ステップ1をすれば、子どもの「問い」がたくさん生まれます。

すると今度は、**「子どもたちはたくさん問いをつくったけど、この中からどの問いを使えばいいんだろう？」「どのような視点で子どもたちの問いを選択したらいいの？」**と悩む先生がいらっしゃいます。すべての問いを解決していきたいという教師のやさしさはわかります。しかし、すべての問いを解決していては、時間がかかりすぎてしまいます。現実と理想の葛藤です。

これらの悩みは、教師が子どもたちの問いを選択するという、「教師」が主語の悩みです。しかし、そうではなく、子どもたち自身に問いを選択してもらいましょう。教師の方でどの問いを使うのかを決定してしまっては、「あ～あ、一生懸命に問いをつくったのに、結局先生は私の問いを使ってくれないんだ」と思うかもしれません。そう思ってしまった子は、問いをつくろうという意欲が低下してしまいます。

だから、教師が問いを選択するのではなく、子どもたちに選択してもらうようにします。問いベスト３を選んでもらうのです。このことにより、その教科の本質に近い問い、子どもたちにとって本当に必要性を感じられる問いが残ります。

問いベスト３の手順

子どもたちの中でよりよい問いを選択してもらうために、ステップ２として、**グループで話し合い、問いベスト３を決めていく**という作業をしてもらいます。次のような流れで行っていきます。

①　グループになり、個人でつくった問いをグループ内で集める

⬇

②　グループで話し合い、問いベスト３をつくる

⬇

③　全体でどのような問いを立てたのかを交流する

この①〜③の流れを１時間で行います。

問いを選択する視点

このとき、問いを選択するための視点も明確にしておかないと、学びを深める問いにならないかもしれません。まず、子どもたちに「じゃんけん」「似たような内容の数が多い問い」という決め方はしないようお願いをします。

そして、深イィ・浅イィカード（35ページ）を見ながら話し合ってほしいこと、**「みんなで考えたい」「みんなで話し合いたい」と感じる問いを残していこう」**ということを伝えます。すると１人で調べれば答えが出てきそうな問いは、ベスト３には選ばれにくくなります。

学校はみんなで知識を関連づけていく場所だということ、そして少し難しいのですが**「その教科としてよい問いなのかどうか」**ということも考えてほしいと伝えます。国語なのに、社会のような問いでいいのかということです。これが各教科の見方・考え方を育てることにつながります。

ステップ2　問いベスト3を選ぼう！②

グループの中でよい「問い」を選んでいくコツ

問いベスト３を選ぶ手順とコツをもう少し詳しく説明していきましょう。

個人でつくった「問い」をグループで集める

グループの人数は３～４人がオススメです。それ以上になると、「問い」を選択するときに自分の意見を言う機会が減ります。また、問いがたくさん集まりすぎ、ベスト３に絞ることが大変だったりします。３～４人だと自分の意見を言える機会が増えるとともに、自分事としてベスト３を決定することができます。

グループで話し合い、問いベスト３をつくる

問いベスト３を話し合いで決定していきます。ベスト３を決定するときには、シンキングツールの「ピラミッドチャート」を使用してもらうようにしています。

ピラミッドチャートとは、三段になっている三角の図です。一番下の段にすべての問いを付箋で貼り、よりよい問いを二段目に上げ、さらによい問いを一番上に上げるというように付箋を操作しながら、問

いベスト３を決定してもらっています。(42ページでピラミッドチャートの使い方をもう少し詳しく説明します)。

全体でどのような問いを立てたのかを交流

　ベスト３ができたら、全体で交流していきます。このとき、自分たちのグループでは出てこなった問いに出会う可能性があります。そのときは、ベスト３には入れないものの、自分たちの問いに付け加えても構いません。

　立てた問いについて交流しているときには、「あ〜、そうそう」と共感する声や「あ〜、そんな問いがあったんだ」と新たな発見をする子もいることでしょう。

タブレットを使いながら問いを選んでいる子どもたち

ステップ２　問いベスト３を選ぼう！③

ピラミッドチャートを使って考える

ピラミッドチャートの使い方

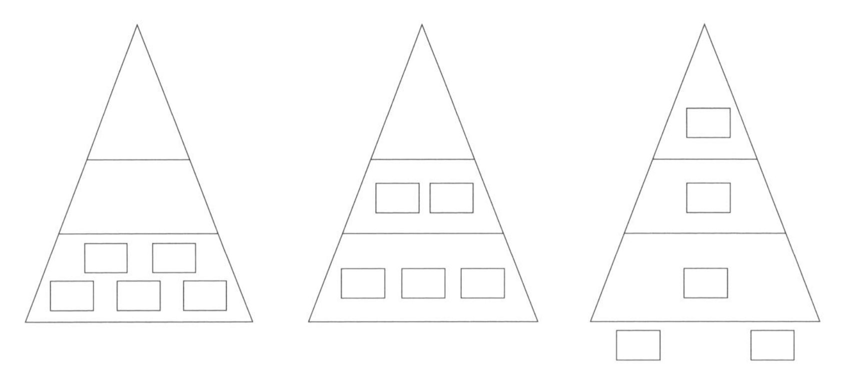

ピラミッドチャートを使った話し合いの仕方を紹介します。

たとえば10個問いがあったとき、それらをいきなり３個に絞ることは難しいことです。そこでピラミッド・チャートの登場です。

①　一番の下の段に、候補の問いを入れます

この段階では３個でなくても構いません

②　一番下の段の中から、真ん中にアップする問いを選択します

③　真ん中の段の中から一番上に１個の問いをアップします

④　一番下の段にまだほかの問いがあるなら、１つ選び、それ以外をピラミッドの外に移動します

⑤　問いベスト３の完成

ピラミッドチャートの使い方の補足

左のページのようにベスト３が決定すればよいのですが、どれも子どもたちが一生懸命に考えた問いです。なかなかスムーズにベスト３が決まらない場合があります。そこで、左のルールをアレンジするときがあります。

- 一番下の段から、真ん中にアップする問いは２つ以上でも構わない
- （左ページ真ん中のように一番下の段に３個の問いが残っているとき）どうしても３個から１つを選ぶことが難しいときには、そのまま３個を残しておいてもよい
- 問いベスト２に同率として２つの問いがあってもよい
- 問いベスト１は頑張って話し合い１つに決める

➡問いはベスト１から考えていくため、問いベスト３（一番下の段）に何個かあっても構いません。

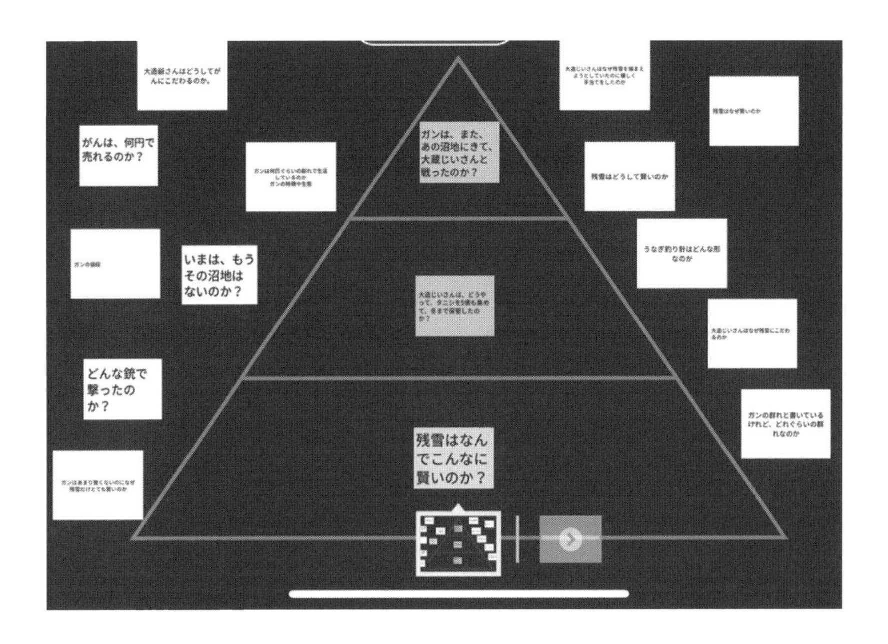

ステップ2　問いベスト3を選ぼう！④

意外にグループで問いベスト3がそろうことはない

理科「植物の実や種子のでき方」の各班の問い

５年理科「植物の実や種子のでき方」でアサガオを分解し、観察し、スケッチした後に問いづくりをしたときの各班のベスト３を紹介します。樋口学級では１グループ４人でグループを編成しており、９グループあります。そのうち、６グループの問いベスト３です。

１班

ベスト１「がく、花びら、めしべ、おしべはどういう順番で成長していくのか」
ベスト２「花粉はどのようにできてくるのか」
ベスト３「どっちがおしべ、めしべなのかを見分ける方法はあるのか」

２班

ベスト１「どうやって花粉が生まれるのか」
ベスト２「どれがおしべ、めしべなのか」
ベスト３「花粉はいくつあるのか」

３班

ベスト１「おしべ、めしべについてもっと詳しく知りたい」

ベスト２「がくには何の役割があるのか」
ベスト３「どれがおしべ、めしべなのか」

４班

ベスト１「おしべ、めしべの本数は？」
ベスト２「花粉はとんでくると聞いたことがあるけど、花粉はめしべ・おしべにいつつくのか」
ベスト３「朝顔のように花びらがつながっているのと、５つぐらいバラバラになっているのがあるのはなぜか」

５班

ベスト１「おしべの数は植物によって違うのか」
ベスト２「チョウなどが吸う蜜は、どこをすっているのか」
ベスト３「がくの役割とは何か」

６班

ベスト１「枯れたら、おしべとめしべはどうなるのか」
ベスト２「どれがおしべ、めしべなのか」
ベスト３「アサガオの毒はどれくらいの量で発生するのか」

各班の問いベスト３を見てわかるように、問いベスト３がまったく一緒になったことはありません。順位は違うものの似たような問いがあることがよくわかると思います。子どもたちが考えてみたいという問いの順番になっていることがわかります。

正直なところ、問いの中には答えがわからない問いもあります。そういった場合は、その答えをわかっている振りをせずに、「先生もわからないから一緒に考える」と言って、子どもたちと一緒に調べ、考えるようにしています。

ステップ2　問いベスト3を選ぼう！⑤

問いベスト3以外の「問い」はどうする？

ベスト３に選ばれなかった問い

あれだけ子どもたちの「問い」を大切にしようと書いていたのに、「ベスト３に選ばれなかった問いはどうするのか」「問いを大切にしていないのではないか」と思われた方もいることでしょう。ベスト３に入らなかった問いの扱い方について紹介します。

問いがいつの間にか……

実は子どもたちは気づきにくいのですが、**ほかの問いを解決していく中で、その問いが解決しているときがあります**。「あれ？　いつの間にか解決していた」とつぶやいている子に出会ったこともあります。これは授業の振り返りを行うとより実感しやすくなります（振り返りの仕方は82ページを参照してください）。

ほかにも問いベスト３を考えているとき、班によっては時間差が生まれます。この時間差を使って、ベスト３以外の「問い」を解決することをOKにします。自分の問いでも、友だちの問いでも構いません。そうすることで、自分の問いがベスト３に選ばれなくても安心するようになります。

自主学習で問いの解決を行う

樋口学級では、自主学習ノートで「けテぶれ」を導入しています(「けテぶれ」は学びのPDCAのサイクルを子ども自身がまわしていくという学習方法です。「けテぶれ」の詳細は、葛原祥太『「けテぶれ」宿題革命!』(学陽書房)をご覧ください)。この自主学習の際に授業で扱わなかった問いを調べてもよいことにしています。自主学習で調べて、まとめたことは、授業や学級通信で取り上げたり、授業の最初に発表をする時間を設けたりしています。

正直なところ、すべての問いを扱うことはできないことに対して、私はいつも申し訳ない気持ちでいっぱいです。そのため、これら紹介した取り組みによって、子どもたちが「自分の問いに向き合える」時間を確保するようにしています。

ベスト3に選ばれなかった問いを家で考え、授業の最初に発表をしている様子

第２章まとめ

問いをつくり、よい問いを選んでいくステージ

● ステップ１　問いづくり

ステップ１では、以下の過程で子どもたち一人ひとりが問いづくりをしていきます。

①　「問いづくりの６つの視点」（32 ページ）を使って、自分の考えを整理

②　①をもとに深イィ・浅イィカード（35ページ）を見ながら問いづくり

③　問い完成！

ステップ１のゴールは、子どもたち一人ひとりが問いをつくることです。

●ステップ２　問いベスト３を選ぼう！

ステップ２では、以下の過程で、グループで話し合い、問いベスト３を決めていきます。

①　個人でつくった問いをグループ（３～４人）で集める。

②　グループで話し合い、ピラミッドチャートを使いながら問いベスト３をつくる

③　全体でどのような問いを立てたのかを交流する

ステップ２のゴールは、「価値ある問い」を子どもたち自身が探し出すことです。

第3章

問いを解決し、単元に位置づける！

解決と位置づけ編（ステップ3～4）

ステップ３　「問い解決タイム」をつくろう！①

「問い」を解決する時間

さぁ！　問いを解決しよう！

あたり前の話ですが、「問い」をつくったら、解決する時間（問い解決タイム）を設けます。問いをつくったら、子どもたちは答えを出そうと考え始めます。「家で考えなさい」「隙間時間でしなさい」ではなく、授業として「問いを解決する時間」を**単元の中で１時間**設定します。

基本的には、問いづくり・問い選びをした次の時間に行います。

樋口学級で問い解決タイムを初めて１時間設けたとき、「１時間もいらない」「すぐに解決できるよ！」と言う子がいたり、言葉にこそ出していないものの、上記のようなことが顔に出ている子が多くいました。

しかし、数カ月後、

「もう１時間終わってしまった」

「まだまだ時間がほしい」

「あと１時間ちょうだい」

「問いを考えるって、面白い」

というように子どもたちの様子が一変しました。どの子も問いを解決しようと必死になっていました。自分がつくった問いだということが、必死になって解決しようとする原動力になったのでしょう。

問いを解決していく順

授業の１時間という限られた時間を有効に使うために、

問いベスト１→問いベスト２→問いベスト３

の順番で解決していくようにします。そしてもし時間が余ったなら、**ベスト３には選ばれていない問いを解決**していきます。

ベスト１の問いを考えるだけで、１時間が終わってしまうケースもあります。しかし、それでも構いません。ベスト１の問いは、複数の子どもが考えたい問いです。深イィ問いになっている場合が多いです。

問いは１人で考えてもよい・グループで話し合いながら考えてもよいということにしています。問いベスト３を選ぶまでにグループで考えてきているため、子どもたちは必要に応じて話し合い協力しながら解決へと向かうことができます。

問いを解決していくもう１つの方法

子どもたちがつくり出した問いが全体的に似たような傾向になったときには、問いベスト３を解決していくという方法をとらないときもあります。その場合は、以下のような手順で行うこともあります。この方法もとても有効です。

① 全員を立たせます

② １人ずつ自分がつくった一番考えたい問いを言っていく

③ 自分の問いを言ったら座っていく（内容が重なってもよい）

（全員の発表が終わった後）

① 自分が言った問いと似ている人を探す

⑤ 自分と似た問いの人と一緒に解決する

ステップ3　「問い解決タイム」をつくろう！②

問い解決タイムの注意点

時間は延ばすな！

前述のように、問いを解決する時間がもっとほしいと、子どもたちは思うようになります。ここで教師としてのやさしさを発揮し、さらに１時間、問いを解決する時間を追加してしまいがちです。

しかし、時間を追加することはやめましょう。そうしないと、学期末にしわ寄せがやってきます。大幅に単元時数を超える実践を見たことがありますが、私はどれほど素晴らしい実践だったとしても、大幅に時数を超える実践には価値を感じません。

「カリキュラム・マネジメント」により、教科横断型の授業で時間を捻出するのであれば話は別です。その場合には、１つの単元で各教科の見方・考え方を学べる授業になっているからです。

問いを解決しているときの教師の立ち位置

問いを解決しているときに教師は何をするのがいいでしょうか。

５年国語「大造じいさんとガン」で、「どうして大造じいさんはガンをとるのか」という問いを話し合っているグループがいました。話し合った結果、「お金を得るため」というように解決しました。たまたまグループの横を通ったときにそのような答えが聞こえてきました。

この答えでは浅いと感じ、より深く考えてほしいと思った私は、「どうしてお金を得る必要はあるの？」と問い返しました。

問いづくり、解決することを何度か経験すると、教師が指示をしなくても子どもたちは動き出すようになります。そのとき、教師には時間ができます。そういったときは、歩き回り、上記のように「**問い返したり**」、ときには「**アドバイス**」をしたり、ときには「**見守ったり**」と、そのときの**目の前の子どもたちの実態に応じて、役割を変える**ことが大切です。

子どもたちが自発的に問題を解決している時間は、教師にとって宿題やプリントの答え合わせをするなど、違う仕事をする時間では決してないのです。

問いを解決しない場合がある

問いには、解決することができない「問い」が存在します。解決できない問いの方が多いかもしれません。考えたもののスッキリせずに、モヤモヤのまま終わることもあります。自分なりの解釈でまとめて終わりという場合もあります。

「解決できない問い」があることは子どもたちに伝えておかないといけません。ただ、このモヤモヤが「新たな問い」へとつながっていきます。「問い」は連続していくものです。

しかし、子どもたちの中には「解決できない」ということに納得できない子もいます。これまでの小学校生活では、ほとんどの場面で答えがあります。算数で答えがないということはありません。だから、最初はなかなか納得できないかもしれません。しかし、何度も繰り返す中で、答えが出ない場合があることを理解できるようになります。

「答えを探すことも大切だが、自分が納得するまで考えた答えも大切だよ」「考えた過程がとても大切なんだよ」などと何度も価値観を伝えておきます。

ステップ3　「問い解決タイム」をつくろう！③

「問い」を解決するための手段を用意する

問いを解決するために必要なものを用意する

問いを解決していくために、以下のような方法を子どもたち自身で選択してもらい、取り組んでもらっています。

「教科書を使う」

「資料集を使う」「地図帳を使う」

「図書室にある本を使う」

「ネット検索をする（パソコン室で行うこともあり！）」

「これまで（の学年）のノートや教科書を使う」

図書室の本は事前に司書教諭にお願いし、関連する本を用意してもらっています。

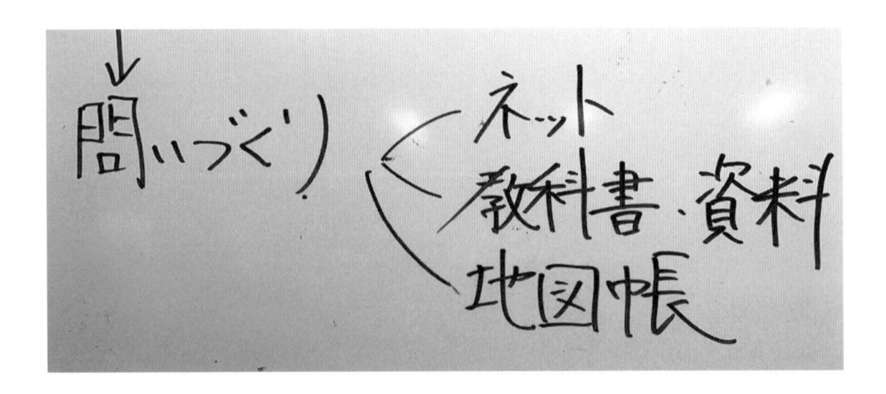

ネット検索＝万能!?

ICT環境がそろっていると、子どもたちに解決方法を選択させるとき、「ネット検索」を選ぶ子ばかりになりがちです。デジタルネイティブである子どもたち。検索の仕方も上手な子が多く、「ネット検索」が一番便利と思っている子がとても多いです。確かに、ネット検索では、膨大なページがヒットし、情報をたくさん得ることができます。しかし、どの情報が正しいのかを判断し、自分が必要としている情報を抜き出すことは実は難しいことです。

「情報をすべて鵜呑みにしてはいけない」「情報が正しいかどうかはたくさんの情報から考えないといけない」ということを子どもたちに伝え、情報を検証する方法も教えています。

なぜ資料集や地図帳などを使わない？

子どもたちが資料集や地図帳などを使わない場合、もしかすると、子どもたち自身で資料集・地図帳を使用したことがない、そこに何が書いてあるのか知らないおそれがあります。

教師の指示で資料集を見たことがあっても、自分で問題を解決するために使うという発想がない場合があります。子どもたちの様子によっては、「この時間は、ネットを使いません」と制限をかけ、資料集や地図帳を使用して子どもたちが問題解決する時間を設定してもよいでしょう。

ネット検索より資料集・地図帳で調べる方が、早く解決できる場合もあります。それぞれ使う機会をつくることで、ネット検索も資料集や地図帳も同等な選択肢として使用することができるようになります（ただ、個々の子どもの特性によりツールを制限すべきでないときもあります。個々の特性でICTの力が必要な子もいるので、様子により、集団にどんな課題を出すのが適切なのかを考えましょう）。

ステップ3　「問い解決タイム」をつくろう！④

表現物を作ろう

考えたことを表現物に残す

問いが解決できた場合には、その答えをしっかり表現物として残してもらいましょう。表現物とは、自分が考えたことを形として表したものです。樋口学級では、1人に1台タブレット端末があるため、タブレット端末上に表現物を作らせるようにしていますが、自分のノートなどに表現していくこともOKとしています。「すぐにまとめたものを使えるようにしておこう」と言っています。

問いを解決できれば、その答えを表現することになりますが、**問いを解決できなかった場合は、考えてきた過程を表現物として残しておきます。**

このとき、考えたことや調べたことをすべてノートに書き残しておくのは大変なことです。そこで、

「必要なところだけを残しなさい。全部残すのはしんどいでしょ？」

と子どもたちに伝え、必要なところだけを表現するようにします。

問いを考えているとき、頭の中だけで考えていては、もったいないです。メモのように書きながら考えていくことで、頭の中が整理され、解決に向かうときもあります。

このときも付箋を用意しておくとよいです。気になった資料のところにとりあえず貼っておくことができます。

●問いを解決したときの表現物の例（社会）

日本の輸入総額（２０１８年度）
なんと…８２兆7，０３３億円
輸入より輸出の方が多い
６７１，９２１円　６９８，１３１円
航空機及び宇宙飛行体等
1番多い

●問いを解決したときの表現物の例（社会）

洗濯機の値段は370円程度
＜当時のお金の価値＞
自転車
当時 50円程度
現在 30000円程度

→洗濯機を買うには、自転車約8台分ものお金がいることになる。今で言う、240000(24万)円程である。つまり、当時の価値は現在より低いので、なかなか買えないことがわかる。

ステップ3　「問い解決タイム」をつくろう！⑤

表現物を共有しよう！

「問い」を解決してわかったことを共有

問い・解決したことは全体で共有します。問いについて考え、表現物にまとめた子どもたちは、その表現物を発表したくなっています。

５年国語「大造じいさんとガン」を学習しているとき、「５俵のタニシはどれくらいあるのか」という問いを立てた子がいました。この問いはベスト３には選ばれなかったものの、家で調べ、まとめてきました。給食時間に私のところに来て、その問いについて考えたことの話をしてくれました。そのときの彼は、とてもいきいきとした表情をしていました。後日、国語の時間に、「〇〇くん、あの問いの話をしてくれない？」と言うと、「え⁉　言うんですか⁉」と引いてしまいました。（うーん、この子は発表をしてくれないかな）と思った瞬間、笑顔で内容を発表し始めたのでした。

> １俵は60kgなので、５俵のタニシ300kg
>
> ⬇
>
> タニシは、１個7.5g。なので、５俵のタニシは8000匹
>
> ⬇
>
> Amazonで買うと、１匹80円ぐらいなので、５俵のタニシは64万円
> (80×8000＝640000)

という話をしたのです。その問いから、

「そこまでお金をかけて、苦労をして、残雪を捕まえたかったのか！」という大造じいさんの作戦への本気度についてほかの子たちも理解することができました。

共有することのよさ

共有することで、自分ではつくることができなかった問いや解決してわかったことを知ることができます。知ることで、

- 自分の知識を増やすことができる
- 自分が考えたことと関連づけられる
- 自分にはなかった視点を得て次の問いづくりができる

というよさがあり、それにより理解を深めることができます。

共有している様子

ステップ4　問いを単元の流れの中に位置づける①

問いづくり・問いの解決以降の授業はどうするのか？

問い・解決以降の授業はどうするの？

子どもたちが問いづくりをし、「問い」を解決したとしても、これで単元すべての内容が学べるわけではありません。問いだけで単元を貫くことができ、すべて学ぶことができれば理想的なのですが、そういうわけにはいかないでしょう。１年生からよほどの積み重ねがあれば、できるのかもしれませんが、限度があります。

そこで、子どもたちの実態から、不足している内容やさらに深めたい内容を今度は教師の方から提示をしていきます。これまでに我々が行ってきた授業を行えばいいのです。

そうすることで、**問いと教師からの問題とを関連づけたり、問いで考えてきたことを活かしながら考えたり**と、より深く学ぶことができます。

問いづくりを単元に位置づけると、教師からの問題は扱ったらダメなのではと思われる方がいます。

これは、アクティブ・ラーニングという言葉が出てきたときに起こった「教える・考える」論争と同様のことです。すべての時間を教えることのみに費やすのでも、すべての時間を考えることのみに費やすのでもありません。塩梅が大切なのです。必要に応じて、教師がサポートをすればよいのです。

「問題」と「問い」は別物です

私自身は問題と問いは別物だと考えています。

「問題」は教師から提示するもの、「問い」は子どもたちの中から引き出すものと捉えています。めあても、問題を解決するためにどうしたらよいのかということを子どもたちの中から引き出すためにあるものと考えています。たとえば、算数科だと、

問題……平行四辺形の面積を求めましょう

問い……どのように平行四辺形の面積を求めたらいいのか

という構図です。問いは教師が与えるものではありません。**問いは、問題をもとに子どもから引き出すもの**です。上記だと「どのように平行四辺形の面積を求めたらいいのか」ということを引き出すために、問題の数値や提示の仕方などを工夫します。

ただ、算数科は他教科と「問い」の意味合いが異なります。他教科は、子どもたちの問いだけで単元を進めていくことが可能です。しかし、算数科の場合はどうしても教師が与える問題から始めないと単元が進みません。

「子どもたちの問い＝教師からの問題」のとき

教師から提示する問題が、子どもたちがつくった問いと似ている場合があるかもしれません。それでも構いませんし、むしろ好都合です。

教師が提示する問題は事前に考えていたものです。子どもたちが問いをつくったときに、自分の問題と似ている問いがあったときには、子どもたちの問いを採用します。自分たちがつくった問いが採用されたことで、子どもたちも喜び、よりアクティブになります。

また、教師から問題を提示したときに、「みんながつくった○○という問いと関連のある問題だよ」と伝えることも有効で、子どもたち自身で問題と問いを関連づけるようになります。

ステップ4　問いを単元の流れの中に位置づける②

「問い」と単元の「学びのストーリー」との関係

「問い」と「学びのストーリー」とを関係づける

どの教科においても、単元を通して、小単元を通して、あるいは1時間の中だけでも授業というものは流れがしっかりあるべきものです。毎時間の学習はぶつ切りなものではなく、単元を通して、「ストーリー」のように流れとなっているものです。そして、私の場合は、「問い」をきっかけにストーリーが成り立つように授業をつくっています。そこで、単元を通して問いと学びのストーリーとの関連を考えていくことを、

問い・ストーリー

と名付けました。実際には樋口学級の子がつけてくれました（某ディズニーの映画とは何も関係ありません）。**ストーリーの中に問いをしっかり位置づける意図を示すネーミング**です。単元の学び、１年間の学び、６年間の学びは系統立っており、本来はストーリーのようにつながっているものです。その中に問いが位置づけられてないといけません。

そこで、問いとストーリーとの関係をわかりやすくするように右のように子どもにまず場面を示し、どの問いがどの場面に紐づいているのかを子どもが考えていけるようなプリントを示すようにしています。このプリントや、この活動のことを樋口学級では「問い・ストーリー」と呼んでいます。

このプリントはいきなり完成形を渡すのではなく、子どもたちみん

なとつくり上げていきます。教科によってこのプリントのつくり方は変えています（64〜67ページをご覧ください）。１枚の紙に印刷し、子どもたちに渡しておきます。そこに、問いの書いてある付箋を貼っていったり、書き足していって完成できるようにします。

■問い・ストーリー

内容入れ替えは基本的にはしない

教科書はよくできています。教科書は単元を通してストーリーができあがっています。私も編集委員として関わるまでは、よく学習内容を入れ替えたりしていました。しかし、ストーリーのようにしっかりとした流れが各教科のプロによってつくられています。

学習内容を動かしたらダメというわけではありませんが、とくにねらいもなく無理に動かしてしまうとストーリーを壊してしまうことになります。そうなるとスムーズに学習が進まなくなります。

ステップ4　問いを単元の流れの中に位置づける③

各教科で「問い」と「学びのストーリー」を紐づけた例（基本版）

国語・算数・理科・社会では次のようなプリントを作成し、配付しています。

国語の「問い・ストーリー」

国語の物語文や伝記の学習では、63ページに示したように、場面ごとに項目をつくっておきます。場面ごとに考えていく時間もありますが、全体から問題や問いについて考えていく学習が多いため、このようにつくっています。

一方で、説明文は段落ごとに項目をつくっておきます。説明文ではそもそも問い・答えの関係がある文章であるため、教師が子どもに提示する段落構成図自体で「問い・ストーリー」が完成してしまいます。子どもの作業の必要がなくなってしまうため、問い・ストーリーを提示しないことが多いです。

※説明文の学習の進め方

32ページの６つの視点以外に、「書き方の工夫」という視点を加えることがあります。説明文は筆者の書き方の工夫について学びます。この視点からは、問いはつくりづらいです（「どうして～という書き方の工夫をしたのか」という問いになることが多いです）が、子どもたちが気づくようにしたいというねらいがあります。

算数の「問い・ストーリー」

小単元名ごとに項目をつくっています。算数では、１時間ごとの問題を書くと、ある意味ネタバレになります。問題を解決しようと動き出す子もいることでしょう。そうではなく、今日学習したことが次の学習にどのように関連していくのかを子どもたちが考えるようになるように小単元名だけにしています。

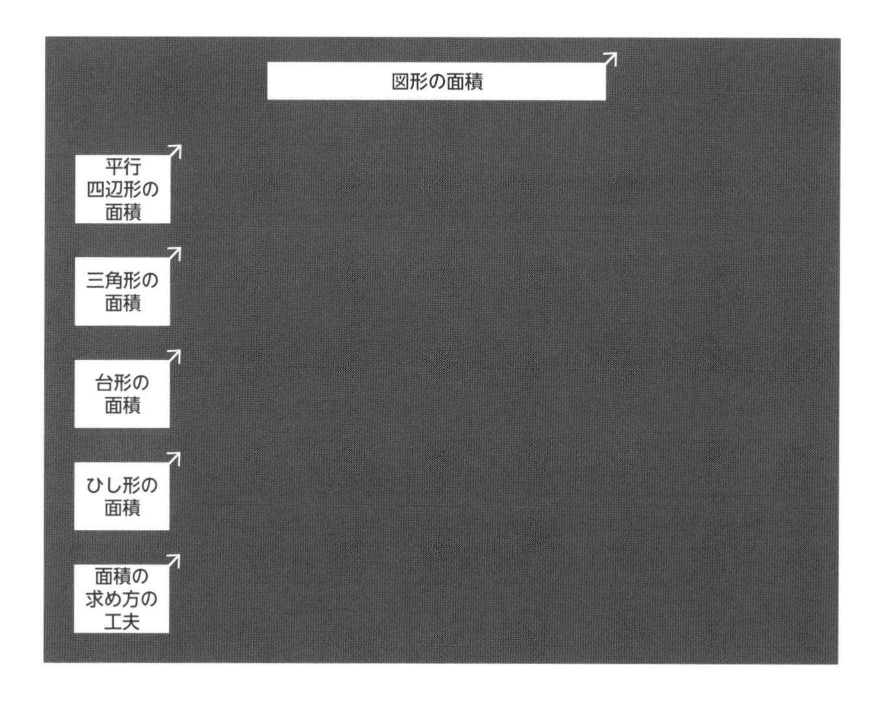

理科の「問い・ストーリー」

単元における各時間の学習問題を提示してつくっています。学習問題を見ることで単元の見通しにもなります。見通しを持つことで、「自分だったら〜のような実験をして、〜を確かめたい」というような思いを持つ子が生まれるかもしれません。

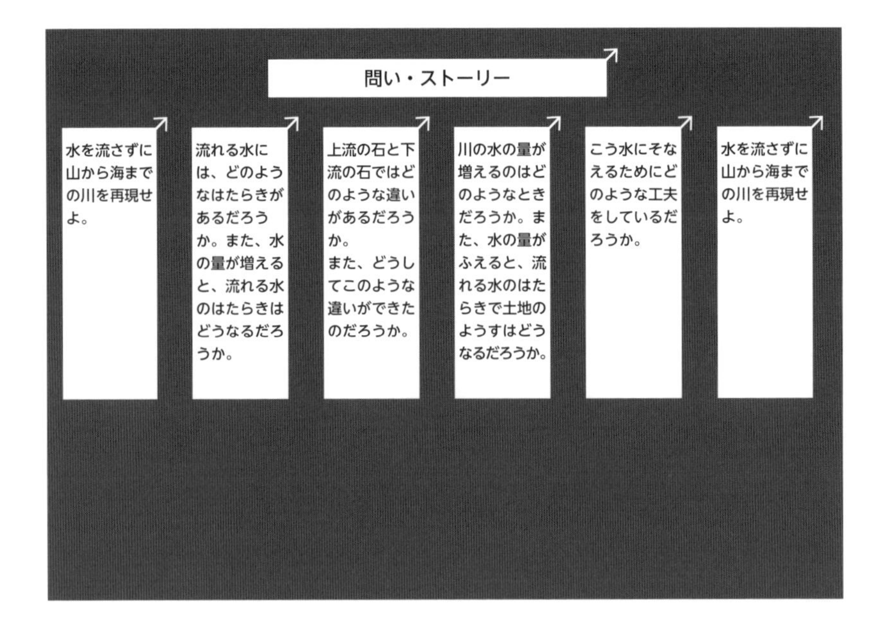

社会の「問い・ストーリー」

小単元名ごとに項目をつくっています。社会では多くの幅広い問いが出てきます。小単元名にすることにより、自分の問いと問い・ストーリーを関連づけやすくなりますし、自分の問いを取捨選択しやすくなります。各時間の学習問題だと、自分の問いと関連づけができなかったりと制限しすぎてしまったりするおそれがあります。

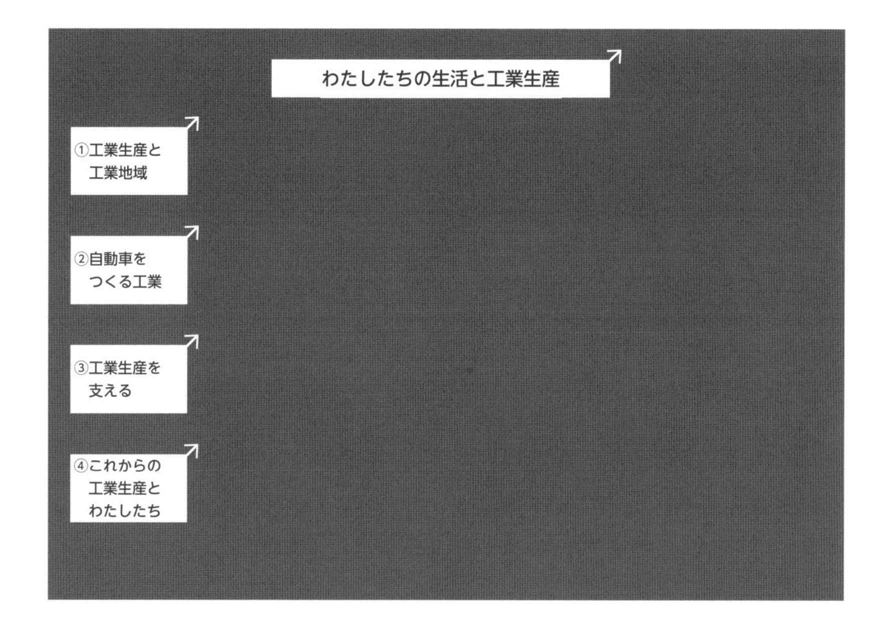

ステップ4　問いを単元の流れの中に位置づける④

自分の「問い」を学びの流れの中に位置づける

自分の「問い」を単元の中に位置づけるとは？

単元の１時間目に問いづくりをしますが、この時点では、子どもたち自身は自分の「問い」が単元の「学びのストーリー」と関連があるとは思っていません。そこで、

「自分の問いを問い・ストーリーに関連づけよう」

と言い、自分の問いを単元のストーリーに位置づける活動を行います。

「問い・ストーリーの場面の中で、自分の問いはどこに位置づけられると思うかな？　問いをそのカードの下（横）に貼り付けていこう」

と言い、取り組む時間を設けます。

このとき、どこにも属さない場合があります。そのときには、

「『その他』をつくってそこに置いておこう」

と言うようにしています。

そうすることで、自分の問いが問い・ストーリーに関連づけられることを可視化することができます。

次の写真は、タブレット端末上で問いを関連づけている様子です。タブレット端末ではなく、紙媒体でも同様のことができます。１枚の紙（B4）に問い・ストーリーを印刷しておきます。そのプリントに付箋に書いた問いを貼っていくことでも同様のことができます。

? 問いを単元の「ストーリー」の中に位置づけるために

教師が「問い・ストーリー」の場面の区切りを子どもに示すためには、単元を大きなフレームとして俯瞰して捉える見方が必要です。私は教師が授業を考えるときに、単元を通して考えることを推奨しています。単元を通して授業をつくることで、小単元のつながり・積み重ねが見えやすいからです。つながりとは、**「授業展開のつながり・子どもの思考のつながり・考え方のつながり」**などのことです。どの教科にも、その単元内におけるつながりや積み重ねはあるものです。少し時間はかかるかもしれませんが、単元ごとにつくりましょう。

次ページでは、国語・社会・理科・道徳の単元をどういうフレームで考えるとよいかを紹介します。これをもとに私は授業をつくっています。ただし学習内容によりフレームをアレンジすることはあります。

ステップ4　問いを単元の流れの中に位置づける⑤

教科に応じた授業フレーム

国語科（社会など）の単元フレーム

国語科の単元フレームを紹介していますが、基本的には「問い」を取り入れた授業の単元構想はこれです。「初発の感想」の代わりに、「1時間目の授業をもとに問いづくり」に変更すれば、社会でも使えます。

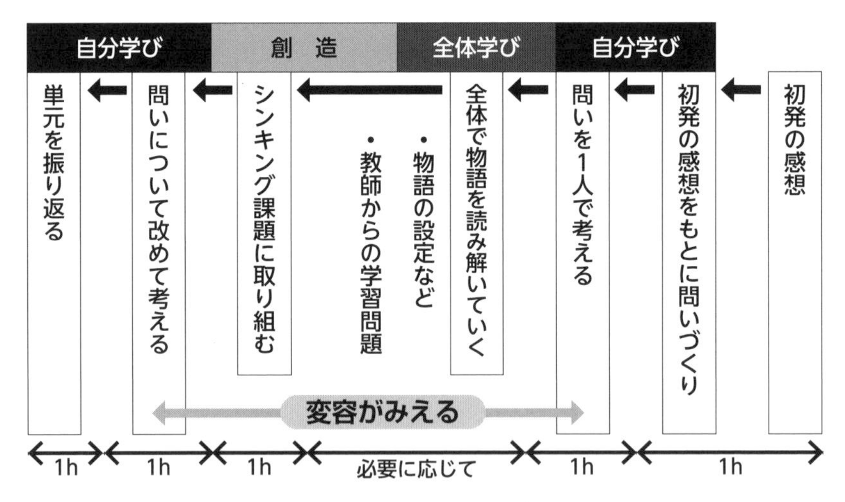

「初発の感想・初発の感想をもとに問いづくり」で1時間。
「問いについて改めて考える・単元を振り返る」で1時間。
「全体で物語を読み解いていく」は必要に応じて、時間を設けます。
それ以外は基本的に1時間構成です。
時間は目安です。

理科の単元フレーム

理科でよく使う、最初にシンキング課題に取り組むフレームです。

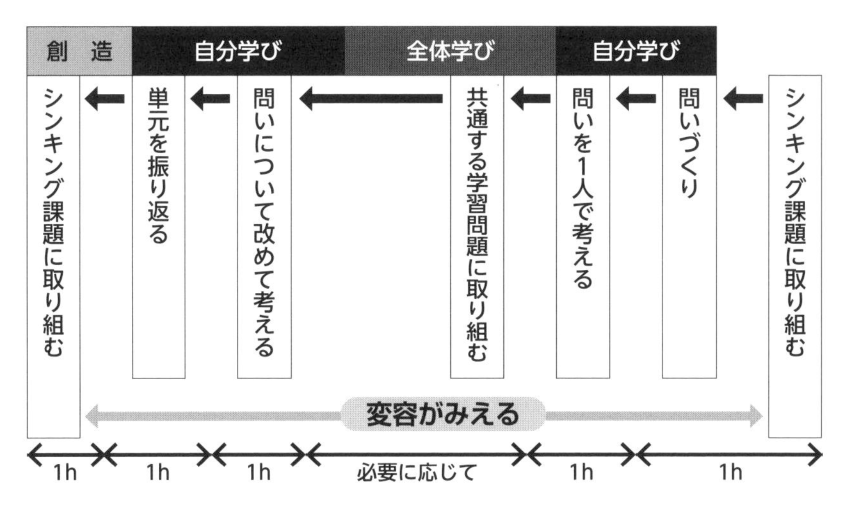

道徳

道徳は１時間であるため、次のようなフレームを使います。

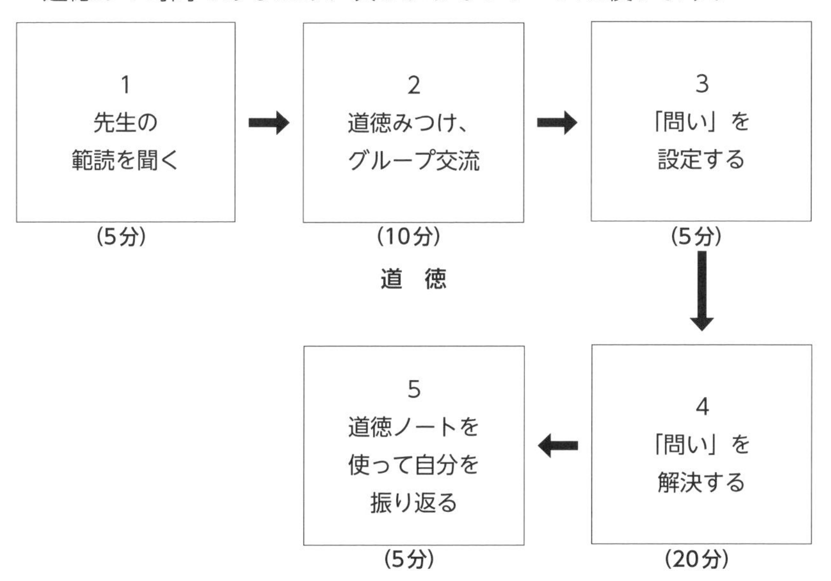

ステップ4　問いを単元の流れの中に位置づける⑥

問い1.0から問い2.0へ

問い1.0→問い2.0

問い1.0→見方・考え方を働かせることができない「問い」

問い2.0→見方・考え方を働かせる「問い」

子どもたちがつくり出す問いでは、各教科の見方・考え方を働かせていない可能性もあります。子どもたちがつくり出す問いに対して、浅いなぁという思う原因がここにあります。そう、見方・考え方を働かすことができないと思うから浅いと感じるのです。

その一方で、子どもたちがつくり出す問いのうち、

「どうして〜」「〜なのはどっち」といった問い

の場合に、見方・考え方を働かせて考えないといけない問いの場合が多いです。深イィ・浅イィカード（35ページ）は、このようなことを意識しながら作成したものです。

問い2.0とは何か

私は６つの視点を使って子どもたちがつくり出した問いは、「問い1.0」だと考えています。

私はそうした問いが問い2.0になるというのは、

各教科の見方・考え方を働かせているかどうか

だと考えています。
　そういった問いが「問い2.0」になる。つまり問いが更新されるということです。
　６つの視点、深イィ・浅イィカードを渡して入るものの、やはり子どもたちがつくり出す問いが深イィものになるとは限りません。子どもたちがつくり出した問いはもちろん大切にします。その一方で教師からの問題提示も必要だということも書いてきました。それがないと教科としての学びが深まらないからです。ただ、もし子どもたちがつくり出す問いのほとんどが、「問い2.0」であるのであれば、教師から問題を提示する必要はありません。
　教師が提示する問題は、その単元のねらい、本時のねらいなどがはっきりとした問題です。それらの問題は単元に位置づけられています。つまり、ストーリーに位置づけられているのです。そういった、教師が提示するような問題を子どもたちはなかなかつくり出すことができません。教師も教材研究のもとつくっている問題です。子どもにとっては難しいものです。

授業の最後に問いづくり

　難しいことですが、しかし、子どもたちから問い2.0をつくり出すことは可能です。教師が提示した問題について考えた授業の最後に、
「今日の学習からみんなで考えてみたいことは何かな？」
「今日の学習で引っかかったことは何かな？」
「○○に着目して、新たに考えたいことはないかな？」
などと聞き、問いづくりを行うと見方・考え方を働かせた問い2.0をつくり出すことができる可能性があります。
　この時間、見方・考え方を働かせて問題について考えてきたことにより、見方・考え方を働かせた状態で問いづくりができるためです。

第３章まとめ

問いを解決して、単元にしっかり位置づける

● ステップ３　「問い解決タイム」をつくろう！

ステップ３では、問いを解決していきます。以下のような方法を子どもたち自身に選択してもらい、取り組んでもらいます。

「教科書・資料集を使う」「地図帳を使う」「図書室にある本を使う」「ネット検索をする」「これまでの（学年）のノートや教科書を使う」

解決後は、調べたことや考えをノートなどにまとめ、それをもとに全体で交流します。ステップ３のゴールは、自分たちの問いに自分なりの考えを持つことです。解決だけがゴールではありません。

●ステップ４　問いを単元の流れの中に位置づける

ステップ４では、問いや単元で学んできたことを関連づけて、問いのストーリーをつくっていきます。問い・ストーリーにより「授業展開のつながり・子どもの思考のつながり・考え方のつながり」などのつながりが見えてきます。ステップ４のゴールは、問い・ストーリーを使い、学びにつながりを持たせることです。

授業の最後に、「今日の学習からみんなで考えてみたいことは何かな？」「今日の学習で引っかかったことは何かな？」「○○に着目して、新たに考えたいことはないかな？」などと聞き、問いづくりを行うと、見方・考え方を働かせた問い２.０をつくり出すことができる可能性があります。

第4章

課題に挑戦し、問いを振り返る

シンキング課題と振り返り編（ステップ5～6）

ステップ5
問いからはじまりシンキング課題で終わる①

単元の終わりには シンキング課題

最後に「シンキング課題」に取り組む

単元の最後、私は子どもたちに「シンキング課題」に取り組んでもらうことにしています。これは教師から子どもへ出す問題・課題です。私は「シンキング課題」をつくるときに、3つのことを考えています。

1つ目は、本単元でどのようなことを学んできたのかを明らかにする課題にするということです。シンキング課題は、本単元で学んできたことや問いを解決してきたことをフル活用しなければ解くことができないものにします。

2つ目には、「シンキング課題」が子どもの「問いづくり」の見本になるような、創造・批判的思考の深いレベルからの問題となる課題にするということです。このために、私は「思考コード」を参考にしています。「思考コード」とは、点数や偏差値に代わって登場した、新しい学力の基準です。「思考コード」は試験問題のレベルが、簡単か難しいかだけでなく、「どの程度の知識が必要なのか」と「どの程度の思考の深さが必要なのか」という2つの軸で、どの段階に位置する問題なのかを図る指標になっています。PISAや中学受験の模試にも活用されています（詳しくは以下のホームページをご覧ください。https://www.syutoken-mosi.co.jp/column/entry/entry000668.php）

私は自分がシンキング課題をつくりやすくするため、さらに、思考コードを自分なりにアレンジした表を作りました。シンキング課題は、この表の創造・批判的思考のレベル２もしくはレベル３になるようにつくっています。

３つ目です。実際にその問題を解いてみて、楽しいと思うかです。教師が解いてみて楽しくなければ、つくり直すようにしています。

レベル3	変容	○○がしたことを順番に述べなさい	○○がしたことは、（　）にどのような影響を及ぼしたのか、200字以内で説明	もしあなたが○○のように、（　）しようとする場合、どのようなことをしますか？600字以内で説明
レベル2	複雑	○○がしたことをすべて書きなさい	○○がしたこと、その目的を100字以内で説明	もしあなたが○○なら、（　）のために何をしますか。根拠とともに、400字以内で説明
レベル1	単純	～は誰？ ～は何？ ～はいつ？ ～はどこ？	どうして～か 50字以内で説明	もしあなたが○○なら、どのような（　）をしますか、200字以内で説明
		知識・技能	**論理的思考**	**創造・批判的思考**

○○には、筆者、人物名、架空の人（農林水産大臣、市長など）などの人物が入ります。（　　　）には出来事を入れます。

パフォーマンス課題とは？

シンキング課題では、パフォーマンス課題も参考にしています。

パフォーマンス課題とは、さまざまな知識やスキルを総合して使いこなすことを求めるような複雑な課題、レポートやリーフレットの作成など、リアルな状況の中で与えられる課題のことです。

（詳しくは、135ページの参考文献を参照してください）

ステップ5
問いからはじまりシンキング課題で終わる②

シンキング課題の注意点

シンキング課題の答えって何でもありではない

５年国語「大造じいさんとガン」では、以下のようなシンキング課題を出しました。

> もしあなたが椋鳩十ならば、続きの５場面を書こうとしたとき、どのような文を書きますか。

単元を通して考えてきたこと、問いで調べたことなどをフル活用して、取り組まないといけません。国語で後談を書くときには、その作品観を守らないといけません。以前、講師としてうかがった学校で、ごんぎつねの後談を文で書き、その話を絵に書いて、掲示しているところがありました。その絵を見てみると、兵十とドラゴンが描かれていたのです。「え!?」と思い、文を読んでみると、兵十がドラゴンボールの旅に出かけていたのです。ドラゴンボールを集め、神龍を呼び出し、兵十がごんを生き返らせたのです。子どもたちの「悲しい終わり方ではなく、ハッピーエンドで終わりたい」という思いからそのような後談を書いた気持ちもわかります。しかし、新美南吉の世界観に鳥山明の世界観を持ってきてはダメです。

シンキング課題に対して、答えは全員の答えがまったく一致するものではありません。しかし、重要なキーワードなどは一致するものです。何でもありの考え方なのではダメなのです。

子どもが書いた５場面

ある年の秋の朝、今年も大造じいさんは輝く秋の日を見ながら残雪が来るのを待っていました。あれから何年たったでしょう、あの秋の朝から一度も残雪の姿を見たものはいませんでした。大造じいさんは「あのガンの英雄は今年も来るのだろうか、それともどこかここと は違う遠くの地でガンを率いているのだろうか。」などと考えながら何年間も貯めている何俵ものタニシを見ていたのでした。あれから三十六年もたった今も、毎年がんのくる季節になると遠くの青くすんだ空を見上げているのでした。

シンキング課題のその他の注意点

５年社会「水産業のさかんな地域」では、

> もしあなたが新聞記者なら、漁師を増やすためにどのような新聞をつくりますか。

という課題で取り組みました。そのときの新聞が下の新聞です。

いきなりシンキング課題に取り組むことが難しいと感じたときには、全員で単元の学習を振り返り、大切なキーワードなどを共有しておきます。

またシンキング課題に取り組む前に、「どこまでできたら合格」という基準を子どもたちとつくるようにしています。このシンキング課題であれば、「漁師不足になった理由を書く」ということをクラス全員で決定してから取り組みました。このとき注意しないといけないのは、「新聞を完成させること」といった表現物自体が基準にはならないということです。

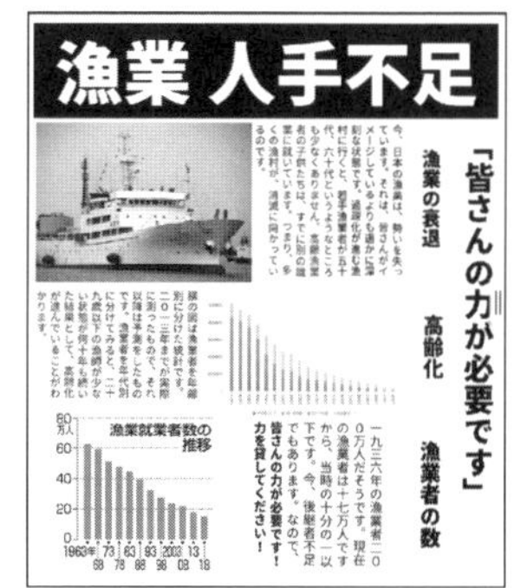

漁業 人手不足

「皆さんの力が必要です」

漁業の衰退

今、日本の漁業は、勢いを失っています。それは、皆さんがイメージしているよりも遥かに深刻な状態です。過疎化が進む漁村に行くと、若手漁業者が五十代、六十代というようなところも少なくありません。高齢漁業者の子供たちは、すでに別の職業に就いています。つまり、多くの漁村が、消滅に向かっているのです。

高齢化

横の図は漁業者を年齢別に分けた統計です。二〇一三年までが実際に測ったもので、それ以降は予測をしたものです。漁業者を年代別に分けてみると、二十九歳以下の漁師が少ない状態が何十年も続いた結果として、高齢化が進んでいることがわかります。

漁業者の数

一九三六年の漁業者二〇〇万人だそうです。現在の漁業者は十七万人ですから、当時の十分の一以下です。今、後継者不足でもあります。なので、**皆さんの力が必要です！力を貸してください！**

ステップ5
問いからはじまりシンキング課題で終わる③

シンキング課題をつくるために大切にしたいこと

授業づくりでもっとも大切なこと

シンキング課題をつくるために大切にしておきたいことは、実は「問い」を取り入れた授業全体で共通していることなのです。いや、どのような授業でももっとも大切なことです。それは、

「教材研究」

です。「何だよ、当たり前のこと言うなよ」「いろいろな業務があるし、そんな時間ないよ」と思われたかもしれません。そんなことはわかっています。その上で言っているのです。児童の実態の把握が優れていても、それだけではダメなのです。指導スキルが優れていても、ダメなのです。確かな教材研究が必要なのです。

教材研究の仕方

教材研究にかける時間があまりとれないという人も、しっかり確認してほしいことがあります。また、「教材研究をどうすればいいのか」という悩みを聞きますが、その解決法と共通しています。それは、

本単元もしくは本時において、
児童がどのような見方・考え方を働かせるのか

ということを確認することです。そのために、学習指導要領の解説を

見たり、教育書を見たりして確認をするようにしています。
　たとえば国語では、ごんぎつねを教えるのではありません。大造じいさんを教えるのではありません。ごんぎつね、大造じいさんとガンといった作品について教えるのではありません。国語は教科書会社によって、掲載されている作品は違います。もしその作品を教えるのであれば、日本全国の小学生は違う作品について学んでいる可能性があるということになります。そんなおかしな話にはなりません。作品を通して、力を身につけるのです。このとき、見方・考え方を確認しておかなければ、力をつけることができない授業になってしまうおそれがあります。学習指導要領で、見方・考え方を簡単に把握しやすいです。「〜に着目して〜する」という文型で基本的には目標が書かれており、

「〜に着目して」……見方、「〜する」……考え方

と大まかに分けることができます。
　指導書を見て、ただ授業を進めるのではなく、

「何ができるようになるか」「何を学ぶか」「どのように学ぶか」

というそれぞれの項目について確認しておくことも大切です。上記のごんぎつねや大造じいさんとガンという作品は「どのように学ぶか」にあたります。

 どのような問いが出るかを予想する

　授業づくりをしているときには、どのような問いが出るのかを予想しておきます。そして、子どもたちが問いづくりをしたときには**どのような問いをつくったのか、問いに対してどこまで考えることができたのか、考えた内容について教師が把握しておくこと**が大切です。
　把握していくことによって、子どもたちが考えていることや理解度をもとに授業の展開を考えていくことができるようになります。こういったことも教材研究になります。

ステップ6
「問いを振り返るタイム」をつくろう！①

振り返る大切さ

振り返る場面は最後？

授業では問いを解決しておしまいなのではなく、振り返ることが大切です。振り返りは子どもたち自身が活動の成果を実感し、自分のよさ、お互いのよさを認め合う時間になります。

ただ、振り返りというと、授業の最後に行うものだと思いがちです。日本全国各地でできている○○スタンダードでは、授業の最後に行うように位置づけられています。

しかし、振り返りは、授業の最後にだけ行うのではなく、**それぞれの活動、過程において振り返りを行うことが、子どもが自分の学びを深めるために有効**です。いまのみなさんの授業でも、「振り返り」といった時間を設けなくても、思考している中で自然と振り返りをしていることもあります。

各場面で行う振り返りは、それぞれ目的が異なります。たとえば、次のようになります。

- 授業冒頭の振り返り　→前時の学習内容
- 授業途中の振り返り　→本時におけるそれまでの学習内容の確認
- 授業最後の振り返り　→本時の学習内容・自分自身の活動の成果を実感
- 単元冒頭の振り返り　→これまでの単元の学習内容の確認

・単元最後の振り返り　→本単元の学習内容の確認

授業の最後にだけ振り返りを行うという意識をなくしましょう。

問いを振り返るときには、

・自分の問いで考えたことと授業で学んだことを関連づける
・考えてきたことを整理する
・新たな問いをつくる

ということを目的にしています。

「問いを振り返るタイム」を取り入れるタイミング

問いを振り返るタイムを取り入れるタイミングは、単元の授業の流れの最後に**ステップ５の「シンキング課題」に取り組む前**、もしくは**「シンキング課題」に取り組んだ後**に行います

シンキング課題には、この単元において考えたいことをフル活用して、取り組む必要があります。なので、このタイミングで取り入れるようにしています。また、シンキング課題に取り組んだ後には、新たな問いへとつながるように意識しています。

振り返るための視点

ただ、子どもに急に「振り返り」をしなさいと言っても、子どもはどのような視点で振り返ればよいかわかりません。問いづくりのときと同様です。

振り返りをさせて「～が楽しかった」「～がおもしろかった」という情意面の感想だけを残す子に、「ほかにも大切なことを書きなさい」と言っても書くことができないことの方が多いものです。

こうした子どもたちに必要なのは手立てです。

次のページでは、振り返りの６つの視点を紹介しましょう。

ステップ６
「問いを振り返るタイム」をつくろう！②

振り返るための６つの視点

振り返るための６つの視点

樋口学級ではこの６つの視点の色は、問いづくりの６つの視点の色と同じようにしており、内容をほぼ同じようにするようにしています。

■「問い」振り返りの視点

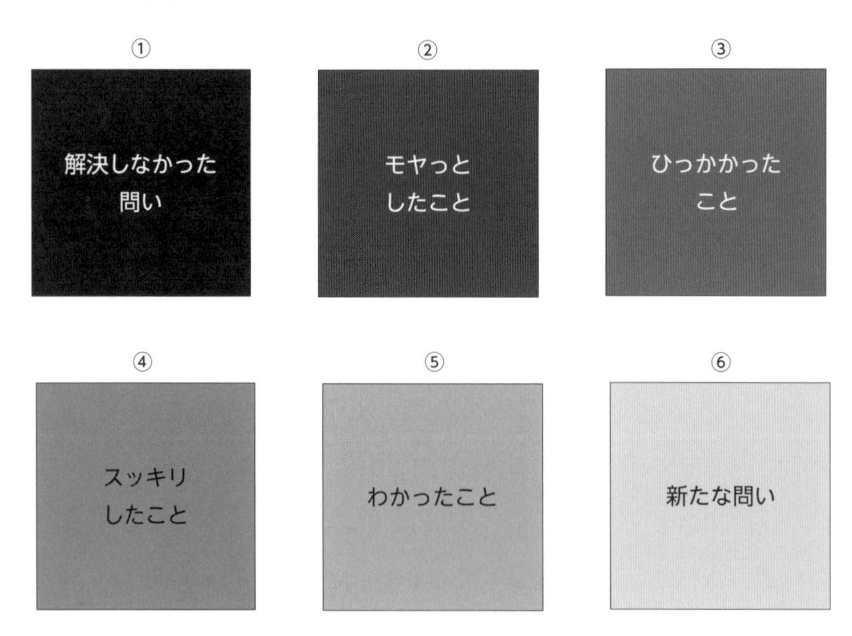

具体的な取り組み方

この６つの視点から視点を選び、振り返りを書く時間（約５分間）を設けます。６つの振り返りの視点を提示し、「これまでの学習を振り返りましょう」と言い、取り組むようにします。

書き終えた子から立ち歩き、自分たちの振り返りを交流してもいいでしょう。問いを取り入れた授業を行い始めたとき、振り返りで書く量はそれほど多いものではありませんでした。しかし、どんどん振り返りを書く量が増えていきます。問いにより、自分事の学習になっていくからです。

最初と最後の比較から振り返る

６つの視点を使った振り返りの発展版です。最初と最後の問いに対する考え方を比較して、取り組む場合もあります。深イィ問いの場合に、変容が起きやすいです。大きく変化することもあれば、少ししか変化しない場合もあります。そのときは、以下のような進め方をします。

① **自分がつくった問いを改め、表現する**
② **最初の表現物と①の表現物を比較する**
③ **どのような変容があったのかを明らかにする**
④ **６つの視点でその変容を見てみる**

④の段階では６つの視点を提示しなくても、比較しているため６つの視点について考えていることでしょう。新たな問いも出てくることでしょう。単元としては、ここで終わってしまうかもしれませんが、問いは続くもの、連続するものです。違う単元、自主学習ノートなどへと続いていきます。

ステップ６
「問いを振り返るタイム」をつくろう！③

６つの視点で子どもたちはどのように書いているのか

5年国語「大造じいさんとガンの振り返りタイム」

５年国語「大造じいさんとガンの振り返りタイム」で子どもたちが書いた振り返りを紹介します。場合によっては、６つの視点のどれも出てこない場合がありますが、それでも構いません。一人ひとりの振り返りですから、視点が偏る場合もあります。

振り返りの例１　**解決しなかった問い**

私は、問いストーリーで解決しなかった問いがあります。それは、残雪はどうやって賢くなったのかです。ガンはそんなに賢くないのに残雪だけ飛び抜けている才能があって、誰から教わったのかというのが気になります。自分で賢くなったとしても、誰の影響、誰の行動でそうなったのか、なぜ１人だけ飛び抜けている才能があるのかという事が解決していません。（女子）

振り返りの例２　**モヤっとしたこと**

何故残雪は頭がいいのかが解決できずにモヤっとしました。なので次の学習では物語と現実を比較して見たら少しでもわかるかもしれないので答えの見つけ方も工夫していきたいです。（女子）

振り返りの例3　**ひっかかったこと**

大造じいさんとガンは心の距離が近いのか、それとも遠いのかがひっかかったし、残雪の心の中で大造じいさんの事をどう思っていたのかが引っかかった。（男子）

振り返りの例4　**スッキリしたこと**

大造じいさんとガンを振り返り、最初のうちは大造じいさんとガンの戦いのお話だと思っていたけど、問いをつくって調べているとお話しじゃないほど深まっていい勉強ができてよかった。（男子）

振り返りの例5　**わかったこと**

この物語を読んで問いを立てていくうちに、大造じいさんは、残雪に対して様々な気持ちや感情、思いを持っていたのではないかと思いました。また、大造じいさんと残雪の関係も私的にもわかりました。（女子）

振り返りの例6　**わかったこと**

特に良い視点の話だと思ったところは、本作の設定を大切にしつつもどこかに話の発想を飛ばしているところだ。話の流れを変えると、事前の設定が離れてまったく違う話に行きがちになるが、それをしっかり守ったうえでつくっている作品がいくつかあった。実際の話でついている語尾は、その話に合わせなければいけないことがわかった。このような物語では、読者の心に大きくインパクトを残す出来事を書くことが大事。（男子）

振り返りの例7　**新たな問い**

大造じいさんとガンの新たな問いは「ガンは何年いきるのか」です。なぜなら何年ものお話にずっと出てきているからです。（女子）

第４章まとめ

問いをつくり、よい問いを選んでいくステージ

●ステップ５　問いからはじまりシンキング課題で終わる

ステップ５では、シンキング課題に取り組みます。

ステップ５のゴールは、単元で学習してきた知識をフル活用し、問題に取り組むことです。

●ステップ６　「問いを振り返るタイム」をつくろう！

ステップ６では、問いづくり・問いを解決したことなどを６つの視点を使い、振り返ります。

単元において問いを振り返るタイムを取り入れるタイミングは、「ステップ５のシンキング課題」に取り組む前、もしくは「シンキング課題」に取り組んだ後に行います。

６つの視点を使わない方法もあります。

①　自分がつくった問いを改め、表現する
②　最初の表現物と①の表現物を比較する
③　どのような変容があったのかを明らかにする
④　６つの視点でその変容を見てみる

ステップ６のゴールは、振り返りを通して、次の学びを考えていくことです。

第5章

問いを生かすための手立て

～子どもの問いを生かせる教師になるために～

授業を変えるために考え方をアップデートする

子どもへの３つの思い

２章では授業に「問い」を取り入れる方法を６つのステップで紹介していきました。早速、問いを取り入れた授業を行ってみようと思った方、ちょっとその前に立ち止まって考えてみましょう。

自分の「指導観」「児童観」などが問いを取り入れた授業を行うためにアップデートされているかを確認する必要があるからです。

問いを取り入れた授業では、

子どもを認める・子どもを信じる・子どもにまかせる

といった子どもへの思いが必要になってきます。

問いをつくったり、問いについて順位をつけたり、問いについて調べたり、問いを「問い・ストーリー」に関連づけたりと子どもたち自身で活動をします。教師が指示した内容を、教師が指示をしたとおりの方法だけで活動するわけではありません。上記のような思いがないと、子どもたちは安心して活動することはできません。

アップデートできていないと……

樋口学級の子達は、教師が指示をしなくても、話をしまくります。立ち歩きます。樋口学級を参観された方がそんな様子を見て、「本当にあれでよいのですか。勝手に話をしていますよ。勝手に立ち歩いていますよ」と質問されることがよくあります。勝手に話をする、勝手に立ち歩く子どもたちの様子を見て、学級崩壊してしまうのではないかと心配してくれたのでしょう。

そんなときは、「子どもたちが話をしている内容を聞きましたか？」「子どもたちが立ち歩いて何をしていましたか？」と聞くようにしています。こちらが指示をしなくても、問題がわからない子のサポートをしてくれています。一緒に悩みながら考えています。立ち歩いて、自分たちの考えを交流したり、違う場合などを考えたりしています。そのような子どもたちの姿をステキだと思いませんか。

問いを取り入れた授業では、騒がしくなります。騒がしいといっても、学習について話し合っている騒がしさです。私はこういった騒がしさを「教育的ざわめき」と言っています。私語で騒がしいのと、「教育的ざわめき」はまったく別物です。

ただ、「ざわめき＝学級がうまくいっていない」と思う方は少なくありません。教育的ざわめきを認めることができないときは、自分の見方をアップデートできているか振り返る必要があるかもしれません。

？ ３つの思いのもと取り組んでいること

第５章では、「子どもを認める・子どもを信じる・子どもにまかせる」という思いのもと、取り組んでいることを紹介します。単元を通して問いを取り入れた授業を行うには、これらのどの方法も必要なことです。これらの方法は自分の授業観・児童観がアップデートされた後に授業の中で考えたことです。アップデートしていなかったときにはできませんでした。形だけを真似して最初はうまくいっていても、すぐにうまくいかなくなる可能性があります。ただ、まだ自分はアップデートできていないと悲観することはありません。実際に取り組んでいく中で、アップデートすることができます。

授業観・児童観を
アップデートするには？

授業観

私の教育モットーの１つに「力がつくなら方法は何でもよい」というのがあります。たとえば、算数科を見ていても、「問題解決型学習」「学びの共同体」「『学び合い』」「教えて考えさせる」「自由進度学習」「UD」といったさまざまな方法があります。１つの方法を極めることも大切ですが、私は、

目の前の子どもたちと学習内容に応じて、学習方法を選択する

ことがベターではないかと考えています。もしベストな方法があるのであれば、学習指導要領に載っているはずです。

- 教えないと考えさせることができない
- 基礎・基本を教えないと思考・表現力が育てることができない
- 学力の低い子がいるから一斉授業でないといけない

こういう発想で自分の授業観を堅くしてしまっている人もいるように思います。

児童観

子どもたちは本当に可能性があふれています。「１年生だから、これ以上はできないかな……」と先生が言うのを聞いたことがあります

が、１年生だからここまでというのはありません。目の前の子どもたちがいけるのであれば限界を超えていきましょう。問いづくり・解決をしていく上で、限界など決めていては何も進みません。

ただ、いまでこそこのようなことを偉そうに言っていますが、20代のころはそう思っていませんでした。授業中、なかなか問題ができなかった子に対して「どうしてこんな問題もできないんだろう⁉」とか、こちらが想定しなかった考え方が出てきたときには、「地雷を踏んでしまった」と思っていた時期がありました。

先輩がそのような様子を叱ってくれたり、アドバイスをたくさんもらったりしたことをきっかけに児童観が変わりました。いまでは、「子どもたちには無限の可能性がある」「できなくても子どものせいにしない」などといった思いになり、「子どもたちのしていること、できるようになったこと」にすぐに感動するようになりました。

判断力が求められる

たとえば、調べ学習で子どもたちが悩んでいるとき、教師はどうしたらいいでしょうか。すぐに答えを言うのか、それとも検索するためのキーワードを与えるのか、それともそのままほったらかしにしておくのか。どの選択肢を選ぶのか判断することが求められています。どれが正解かはわかりません。正解なんかはありません。あるとすれば目の前の子たちがその選択肢によってアクティブになったときです。となると目の前の子たちの実態によって、その選択肢を変えないといけません。全員が同じ選択肢でアクティブになるということはありません。判断が失敗のときもあります。その失敗は次の機会で取り戻せばよいのです。

私自身、失敗ばかりです。今日のこの指導がダメだった、この授業展開がイマイチだった、言葉かけがダメだったなどと日々反省しています。反省したことは、次の授業では改善しようと取り組んでいます。

座席配置を子どもたちに決定してもらう

常にグループ配置

本校では、どの子の机も黒板に向いている「教師と対面式の座席配置」になっている学級は１つもありません。コの字型、グループ型のどちらかになっています。なぜ、コの字型、グループ型の机配置なのか。理由は簡単です。これらの席配置の方が**「すぐに子どもたち同士でコミュニケーションをとることができる」**からです。

樋口学級では、３人組、４人組の座席配置を採用しています。まずは、「環境」から整えてみませんか。「環境」はすぐに取り組むことができます。

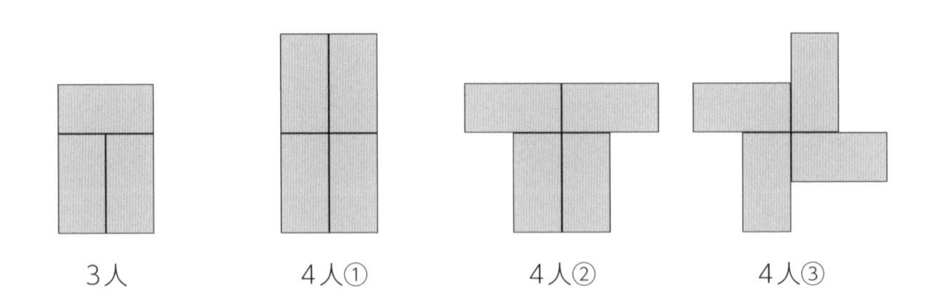

自分たちで机配置を決定する

１学期に前を向いている型、ロの型、２人組、３人組、４人組、６人組などさまざまな型を経験した上で、「話し合ったり、教え合ったり、学びを深めるためにはどの机配置がいいのか」ということを話し合って、子どもたちに決定してもらいます。そうすることで、自分たちで学習するための環境をデザインすることになります。自分たちでデザインすることで自分事の話になり、その取り組みに責任感を持つことができます。教師からの一方的な提案よりも、自分たちで考えた方がより主体的にねらいを達成しようと頑張ることでしょう。

話し合いをするとき

樋口学級では、学級会の司会は子どもが行います。子どもたちの意見を聞いていると、思わず口を挟みたくなることもあるでしょう。しかし、子どもにまかせます。そこはグッと我慢して、意見を挟まないようにしましょう。そして、子どもたちが決定したことは、必ず実行しましょう。ここで、「そうは決まったけど、やっぱり３人組でしましょう」と意見を覆すのは、NGです。そこで一気に子どもとの信頼関係は崩れます。自分で信頼関係を崩すことはやめましょう。

私は３人組でいきたいと考えているときがありましたが、

「４人班の方がもっと話し合うことができそう」

「ペアでの活動もすぐにできる」

などの理由から４人組の机配置がよいという結論にいたりました。でも、私は４人組にする不安がありました。それを正直に、子どもたちに伝えました。すると、子どもたちから解決策などの提案がありました。

うまくいかないこともあるでしょう。うまくいかなかったら、次の席替えのときに変えたらいいのです。失敗は次の機会で取り戻せばよいのです。

孤独解決ではなく
1人で考える時間を

「自力解決をやめた」

以前、SNSに「自力解決をやめました」と書いたところ、さまざまな反響がありました。「自力解決をやめたら、考える時間はどうするのですか」といった質問から、「本を出しているような人が意味のわからないことを言わないで」というお叱り（？）メッセージまでもらいました。

正確にいえば、「孤独解決になるような自力解決をやめました」という意味です。孤独解決とは、他者に相談することができず、教師が設定した時間、１人で考えないといけないやり方のことです。

「いまから10分間は１人で考えます。話をしたらダメです」。

わからなくて隣の子に相談した子に対して「いまは相談する時間ではありません」とその子を叱った先生はいると思います。

10分間、何も相談することができず、その子は過ごさないといけません。その子にとってその時間は何の学びもありません。あるとしたら、「我慢」するという学びしか生まれません。自力解決の時間には、「早く解き終えた子と解いている子に時間差が生まれる」「子どもが何も考えることができないでいる」といった悩みを持たれている方は多いでしょう。

一人ひとりの学び方を変える

　そこで打ち出したのが、次の図「考える時間」です。この図は子どもたちに提示し、説明をします。

　まずは１人で考えます。しかし、

（1）このまま考え続けることができる・できそう

（2）困ってしまう

という選択肢が出てきます。この時間で一番避けたいのは、（2）→（10）です。困って、何も考えることができないまま時間が過ぎてしまうのはダメです。ただ、答えが出なくても（2）→（9）のように「あと少しで解けそう」「できるかもしれない」などと１人で悩み続けることはOKにしています。

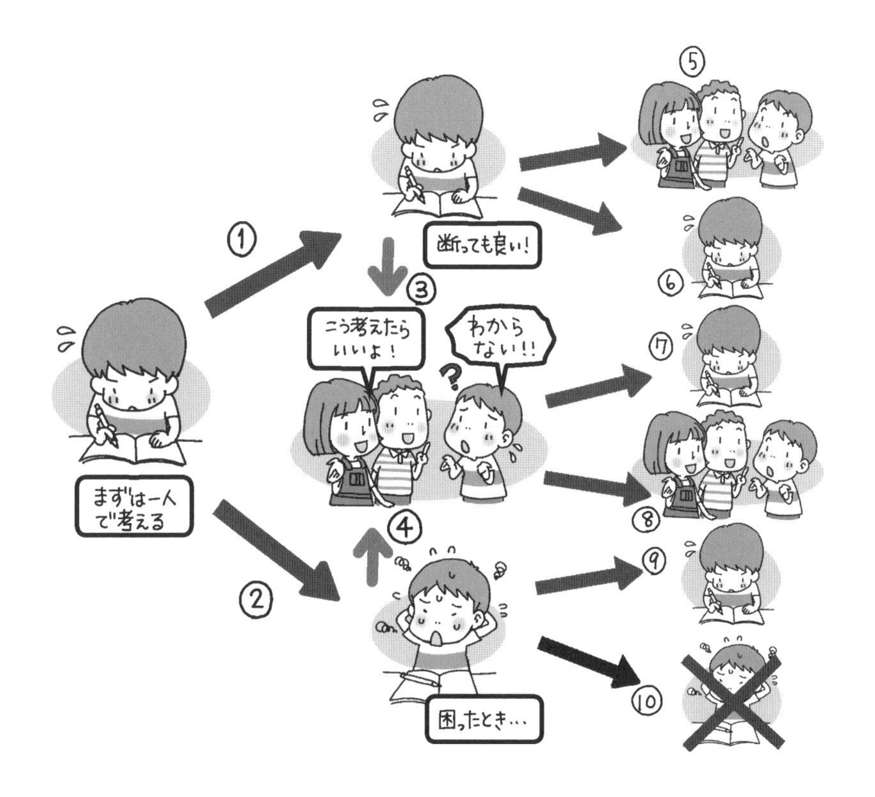

一人ひとりの学び方を変えるとは

考えることができない子たちには

前のページの（2）→（4）の流れをつくります。

困ったときには、停滞するのではなく、一歩先に進めるような行動をしなければなりません。それが、立ち歩きになります。もしくは立ち歩かなくても、グループで話し合えるようにします。

このとき、自分が何かわからないのかを明らかにしておきます。何がわからないのかを明らかにすることが難しい子もいます。

そこで、そういった子どもたちが「どのようにわからないのか」を明らかにするために、以下のような項目を提示しておき、選択をするようにします。

「問題の意味がわからない」
「どのように考えたらいいのかわからない」

自分の立場を明らかにした後に（4）に進みます。周りの友だちに「わからない」と言い、サポートをしてもらいます。

その後、サポートをしてもらったことで考えるきっかけを得ることができた子は（7）1人で考えてもよい。そして、そのまま一緒にみんなで考え続けてもよいようにします。

考えることができる子たちには

問題を１人で考えることができる子は、（3）で問題に悩んでいる子へのサポートをします。このとき、答えや考え方を言うのではなく、

「悩んでいる子たちが考えるようになるきっかけをつくってほしい」

というようにしています。考え方をできるだけ言わず、「昨日の学習を思い出してごらん」「ここをこうすれば〜」といったヒントを言うようにします。ただ、最初はなかなかヒントを言えません。答えや考え方などをしっかり言ってしまいます。問いについて考えているときに、先に確信的なことを言ってしまい、「ネタバレ！やめて！」と言った子がいました。問いを解決すると思わず、人に話をしたくなります。その子も悪気があるわけではありません。だから、

「考えているのだから、言ったらダメでしょ」

と叱るのではなく、

「言いたい気持ちはわかる。でも、ネタバレされたら嫌じゃない？気をつけていこうよ」

と語るようにします。最初はうまくいかなくても、何度も取り組んでみましょう。きっとできるようになってきます。

考えることができる子たちの主体性を大切にする

（1）の段階で、もう１つ大切にしていることがあります。

この段階で、まだまだ１人で考え続けたい子は、

ほかの子をサポートをすることを断ってもよい

ことをOKにしています。（1）→（6）の子たちです。ただし、「いまは断ってもいいけど、別の機会ではサポートしてあげてね」と言っています。無理矢理サポートをさせるのではありません。サポートばかりを続けると、ある段階でサポートをすることを嫌がる子が出てきてしまうこともあります。

立ち歩く子どもたちにカンガエトーーク！

立ち歩きには２種類ある

授業中の立ち歩きには、２種類あります。
①わからない子のサポートをするために立ち歩く
②自分の考えを深めるために立ち歩く

①は97ページの図（2）→（4）です。立ち歩かずにグループ内で話をしている場合もあります。また、立ち歩いている子たちが誰をサポートしたらいいかがわかりやすいように、助けがほしい子は「筆箱を立てておく」といった合図を出すようにしています。

②は（1）→（5）の子たちです。この子たちは、自分たちの考えをしっかり持っている状態です、その子たちは、自分の考えを深めるために立ち歩きます。ただ、何も手がかりがない状態では考えを深めるところまでいかないことでしょう。そこで、次の「カンガエトーーク！」という紙を子どもたちに提示し、このうちのどれかを選択して取り組んでいきます。

全体の場で困らないの？

この後に、全体の場でも考え方の交流をしていきますが、一足早くに統合・発展的な考えに進み、学びを深めていくための５つの視点（「自分の考え方を説明する」は除きます）を与え、取り組んでもらいます。このとき、子どもたちがどの視点で話し合ったのかをノートにメモするようにするとよいでしょう。

こうすると、「全体の場で話をすることがなくなるのではないか」と心配される方がいます。むしろ、これらの視点を子どもたち自身に持たせておくことで、子どもたちから「ほかの場合では～と思うよ」といった話が出てきます。

全体の場は考え方をただ交流する場ではありません。考え方をしっかり共有し（理解し）、知識を関連づけたり、考えを深めていく場です。

■カンガエトーーク！

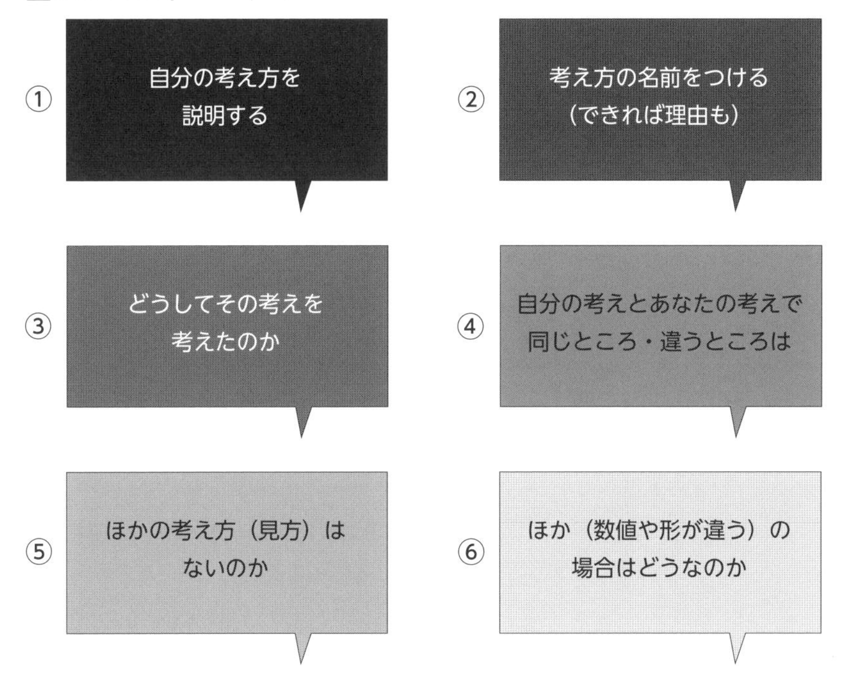

授業の悩み よくある質問集

? 子どもが話し合うとき

「話し合うときに子どもたちが活発になりません」
という相談をよく受けます。活発にならない理由はいくつかあります。たとえば、「自分の考えを持っていない」ことが考えられます。それぞれが問いを持っていないと、ベスト３をつくることができません。

２つ目に、「どのように話をまとめていったらいいかわからない」ことが考えられます。

「では、自分で考えたことをグループで交流しましょう」
「問いのランキングをつくりましょう」
などと子どもたちに投げかけても、なかなか動き出すことができなかったり、グループでまとめることができなかったりします。その原因はやはり具体的なやり方が子どもたちの中にないからです。そこで、話し合いをするときには、

「まず…」「次に…」「最後に…」

という形で話し合いをするようにします。ただし注意がいるのが、この形で話しやすいときもあれば、そうでないときもあります。そういった場合には、「まず・次に・最後に」という型どおりでなくてもよいことを伝えておきます。「まず・次に・そして」でも構わないです。

３つ目に「安心・安全に話ができる環境ではない」ということが考

えられます。これは106ページで説明します。

 私語をする場面

「授業とは関係のない話をするときはないのですか」
という質問もよく受けます。私語をしてしまうときもあります。そんなときは、先生が、
「いまの行動は自分の学び方としてどうだったのかな？」
と聞くようにし、自分の行動を振り返らせるようにしています。「ちゃんとしなさい！」と叱るのではありません。大きな声で叱ると、確かに子どもたちはキチンとすることでしょう。しかし、継続しません。学びのための活動のはずが、教師に叱られないためという教育的ではない目標になってしまいます。

また、私語を子どもたちがするときには、いまの授業がつまらなかったのではないか、授業展開がまずかったのではないかという視点で自分自身を振り返ることもあります。

私語をする子は実は学習に対して困っている子なのかもしれません。その子に寄り添うことが必要になってきます。

 叱るときはある

叱る場合はあります。それは、相手を傷つけたりするような内容であったり、その子なりの成長を少しも見ることができない場合です。大きな声ではなく、その子を呼び、自分のどの行動がダメだったのかを確認しながら叱ります。

「気が長いね。よく我慢できるよね」と言われることがありますが、前ページの「まず・次に・最後に」のそれぞれの文字の頭文字をとると、「まつさ」になります。この頭文字は教師へのメッセージだと考えています。子どもたちを「待つ」ということを意識するのです。

授業ではこんな言葉を使っていこう!!

問いをつくったり選んだりしている場面

　問いづくりをしているとき、「問い」を解決しているときなど、私はグルグル、グループの間を歩きまわっています。そこで、子どもたちに声かけをしていますが、その様子を見て、「先生が誰よりも楽しんでいるじゃん」と言っている子がいました。そこで、私がそれぞれの場面で言っていることをまとめました。

問いづくり

「おもしろそうな問いを見つけたね～」
「○○さんも似ていたような問いをつくっていたよ」
「深いねぇ～」
「ちょっと難しそうだけど、挑戦してみる？」
「みんなやっぱりそれが気になるのか～」
「先生はこんな問いを考えたんだけど、どう思う？」

問いベスト３をつくっているとき

「どうしてこの順になったの？」
「ベスト３に迷っているんだね？　とりあえずベスト３にいくつか置いてみたらどう？」

問いを解決している場面

「いま、何で悩んでいるの？」
「その問いは、（　　）で調べてみたらどう？」
「どう考えたの？」
「それって、どういうこと？」
「なるほど～、そう考えたんだね。」
「先生はこの問いを～と考えたんだけど、どう思う？」
「～というところから／視点から、考えてみたらどう？」
「ファイト！」
「違う問いを考えてみたらどう？　違う問いを考えることで、もしかしたらいまの問いがわかるかもしれないよ」
「自分が納得できるところまで考えてみよう」

問い・解決したことを共有している場面

問いを共有しているとき

「おもしろそうだね～」
「似たような問いの人はいないかな？」
「関連している問いの人はいないかな？」

解決したことを共有しているとき

「付け足しの情報はありませんか？」
「似ている人はいませんか？」
「逆に反対の意見などはありませんか？」
「いまの話をもう一度確認してみよう」
「おもしろいと思った情報はありますか」

子どもの考えを否定しない

社会の授業で「ドラえもん」

基本的に、子どもの考えを否定してはいけません。どの考え方も子どもたちが一生懸命に考えた考え方です。５年社会「わたしたちの生活と工業生産」で問いづくりをしたときに、「ドラえもんは本当に作ることができるのか」という問いをつくった子がいました。単元と関係のない質問のように見えます。

ふざけているようにみえるかもしれませんが、私は「どうしてドラえもん!?」って問い返しました。すると「ドラえもんは工業製品でしょ？」という返答があったのです。そして、「ドラえもんは流れ作業でできていた（アニメの）シーンがあった」と言ったのです。この流れ作業については単元内で今後出てくることです。頭ごなしに否定していたら、この子の問い、原動力を潰していたことになります。

「いいでーす」「違いまーす」禁止！

樋口学級では、答え合わせをするときに

「答えは○○です」→「いいでーす」「違いまーす」

をしません。しない理由は２つあります。

１つ目は、実は自分が間違えているにもかかわらず、「いいでーす」

と言っている子がいるかもしれないからです。「いいでーす」と言っておけば、自分ができていないことがバレません。

2つ目です。それは間違えた子が、自分以外のクラス全員から「違いまーす」と言われ、ショックを受けるかもしれないからです。これは思っているよりもショックなことです。間違えても何も思わない子は大丈夫ですが、表現することが苦手な子にとっては、このような状況を耐えることはできません。みんなの視線が集まるのです。

樋口学級では答えを配付し、自分で答え合わせをし、その場で間違え直しをします。わからないところはグループの子に聞くということを行っています。

危険な言葉「ほかに考え方はありませんか？」

この言葉が危険であることに気づいているでしょうか。「ほかに」という言葉には、「いまの考え方ではダメです。違う考え方を出してください」という暗黙の意味が込められている場合があります。

この言葉を続けると、子どもたちは「先生はどのような答えを求めているのかな」と思うようになります。そして、教師にとって都合のよい考え方だけを言おうとします。つまり、忖度をする子になってしまいます。

私は「ほかに考え方はありませんか？」と聞く代わりに、まだ言いたそうな子どもを見つけて、

「（子どもたちの反応を見ながら）まだあるの!?　すごいな～」

と言うようにしています。ただ、どうしても出してほしい考え方が出てこないこととときがあります。そういうときには、

「もう1つ考え方があるんだよね。○○に着目すると……。どうかな見えてきたかな？」

と私の方から伝えるようにします。もしくは、教科書を見て、その考え方を確認したりします。

120点の発表に挑戦してもらう！

自分の思いにウソをついていませんか

前のページで、子どもの考えを否定するなと書きましたが、子どもの考えに対して思ったことを、とことん隠す必要はありません。子どもたちは一生懸命に説明してくれるけれど、

わかりづらい発表、よく内容がわからない、話が長い

などと思ったことはないでしょうか。思ったにもかかわらず、「発表、上手でしたね～」と言ってしまうことはないでしょうか。大人である教師がわかりづらい発表、話が長いと感じたのであれば、子どもも同様のことを感じていることでしょう。この感覚を大切にしてほしいのです。

私はわかりづらい発表と思ったときには、「ごめんね。一生懸命に話をしてくれたけど、よくわからない」と言うことがあります。ただし、こう言って終わってしまっては、その子を傷つけただけで、これは否定したことになります。

否定はしてはいけませんが、批判はしてもOKです

否定と批判は何が違うのでしょうか。

否定は「そうでないと打ち消すこと」、

批判は「物事に検討を加えて、判定・評価すること」

で、大きく違います。上記のように言った後に、

「〜ということをすれば、もっとわかりやすい説明になるよ」と具体策を伝えて、もう一度発表にチャンレンジできる場を設けます。発表後にはほめ、価値づけるといったフォローを行うと、これは批判したことになります。

120点の発表を目指せ

4月、考え方は正しいが、わかりづらい発表をした子がいました。そこで下のような話をしました。

ハンマー投げは投げっ放しですが、発表は投げっ放しではなく、相手に内容が伝わるように発表し、そしてその発表に対して反応するといったキャッチボールでありたいと先生は考えています。残念ながら、いまのみんなの発表の多くは、ハンマー投げ型発表になっています。ちょっとの方法ですぐに変わるから、みんな変えていきませんか。

さらに、「○○くんの発表内容は100点なんだよ。とてもすばらしい。だから、120点の発表の仕方に挑戦してみない？」と提案し、120点の発表の仕方を伝えました。

- 一文を短く切るために「。」を増やそう
- （みんなが「？」という顔をしているときや、発表が長くなりそうなとき）「ここまではいい？」「ここまでわかる？」と、発表を聞いている人に問いかけよう

最初は私が手本として行いました。最初はなかなか上手くはいきませんが、何度も行っていくことで、経験を積み、できるようになります。経験はやはり大切です。

このとき、わからない場合は正直に「わからない」と言ってもいいことを伝えています。

安心して手を挙げてもらうために

「表現する」を具体的にいうと……

「問い」をつくるとき、「問い」を解決するときにも、「表現する」ということが大きく関わってきます。自分が思ったことや考えたことを表現できなければ、成立しません。

授業の中で「表現する」といっても、さまざまな場合が考えられます。

「ノートに自分の考えを書く」「全体の場で発表をする」といったことから、「つぶやき」「子どもの表情」「挙手」「手の挙げ方」などといったところまで表現になります。

また、表現する方法を子どもたちは知らないという可能性もあります。どのように表現したらいいのかを教える必要はあります。

ある年の樋口学級

ある年の樋口学級の子たちは4月、ほとんど挙手をしませんでした。グループだと活発に話し合うことができるのに、全体の場ではさっぱりでした。「表現することに自信がない」ということが目にみえてわかりました。そこで、次のように話をしました。

「挙手も自分の考えを表現するための１つです。みんなはそれが苦手なようだね。でも、大丈夫。表現っていろいろあるんだよ。たとえば、つぶやきや表情も表現です。挙手すること、全体の場で発表をすることがすべてではありません。ただ挙手をすることによって、自分の立場を明らかにはできるんだよ。その方が、発表の場で考えをつなげたりと考えを深めていくことができるよ。みんな表現することにチャレンジしていこう！」

挙手の仕方を工夫

■自信度挙手システム

自分の考えの自信度を、指の本数「0～5」で表しながら、挙手をするという方法です。0が自信がまったくない、3が普通、5がとても自信があるということになります。自分で選択して、挙手をします。これにより全員が挙手をすることになります。挙手をするという習慣をつけるところからスタートしました。

「0～2の本数の子はあてない」ということを約束しておきます。そうすることで、安心な環境ができます。いくら教師が安心な環境をつくっていきますと言っても、最初からつくることはできません。安心な環境は、お互いが発表し合ったり、話し合ったりする経験からしか生まれません。

第5章まとめ

子どもの問いを生かせる教師になるために

● 考え方をアップデートしよう

問いを取り入れた授業では、子どもを認める・子どもを信じる・子どもにまかせるといった思いが必要になってきます。

だから、授業観・児童観をアップデートしよう！

●子どもの問いを生かすための手立て

- 座席配置を子どもたちに決定してもらおう
- 一人ひとりの学び方を変えよう
- カンガエトーーク！を使って、立ち歩いていこう
- 子どもたちが話し合いをするときには、最初は話型を使おう
- 授業の場面によって使う言葉を変えていこう
- 子どもの考えを否定することをやめよう
- 「いいでーす」「違いまーす」を禁止しよう
- 「ほかに考え方はありませんか」を使うことをやめよう
- 120点の発表を目指そう
- 子どもの実態に応じて、自信度挙手システムを取り入れよう

第6章

各教科ごとの
問いからはじまる
授業実践例

5年算数　割合
～もとにする量を求めよう～

この章では、各教科別（国語、理科、社会、道徳）に、どのように「問い」をつくる授業を実践しているかをお伝えしていきます。それぞれ、単元を通してどのように問いづくりを行っているかを示していきます。

算数科では、新学習指導要領（解説）に算数・数学の学習過程のイメージが示されています。そのため、算数科だけは単元全体を通してではなく、単元中の１時間だけ、問いをつくる授業を組み込む場合もあります。

最初に算数科の単元中の１時間を、具体的にどんなふうに問いをつくる授業をしているか紹介することで、授業の様子のイメージをつかんでいただこうと思います。

さらに他の教科ではどのような時間数の使い方で授業の流れを組み立てていっているのかをわかりやすくご紹介します。

授業の場面は、単元４時間目の時間です。

１、２時間目には、割合はくらべられる量÷もとにする量で求められることを理解するということをねらいに、３時間目には、くらべられる量はもとにする量×割合で求められることを理解することをねらいに設定した授業を行いました。

１時間目には、子どもたちから「どれをもとにする量にしていいのかわからない」という問いが生まれたため、２時間目にはその問いを解決するために、図を使って考えるという当初予定にはなかった時間を設けました。指導書に載っている単元時数の８割の時間に組み直しています。そのため、子どもの実態に応じて当初予定にはなかった時間を設けることができます。

【４時間目】

T：今日、考える問題です。問題を書きましょう。

> **商品Aがあります。売れないので、15%の値段にしました。**
> **いまの値段は300円です。もとの値段は何円ですか。**

C：15%って、安すぎる。

C：え⁉　セール品じゃん。

※こういったつぶやきは問題をイメージすることにつながります。「え？　どういうこと？」「よくわからない」といったつぶやきは問いにつながります。

C：15%引きではないんだね。

T：15%引きの値段と15%の値段は違うの？

C：違うよ！

T：どう違うの？

C：15%引きだと85%になるから違うよ。

T：どうもまだわかっていない子がいるみたいだよ。

C：図を使って説明します！

(この後、子どもたちは線分図を使って説明をした)

T：15%引きの値段と15%の値段では、違うということがわかったね。じゃあ、答えを求めましょう。

(考える時間を設ける)

T：いま、考えている様子を見ていると、次の４つの式が出てきました。

(式を黒板に書く)

①　300×0.15

② 300×15

③ 300÷15

④ 300÷0.15

（子どもたちの誤答を使いたかったため、挙手をして発表するという形ではなく、机間巡視をしている中で見つけたという形をとった）

T：どの式が正しいですか？

C：④‼

C1：え？　なんで④なのか疑問です。

C2：答えを計算すると、④なのはなんとなくわかるけど……。

C3：「どうして300÷0.15になるのか」が問いです！

※問いという言葉を樋口学級の子たちはよく使います。そして、6つの問いづくりの視点を提示していなくても、上のように疑問に思ったこと、わからないことがあるとすぐに言うことができます。6つの問いづくりの視点が子どもの中に定着していることや、6つのステップの経験が活きていることがわかります。そして、この時間では、「どうして300÷0.15になるのか」ということが問いになります。

T：300÷0.15を計算すると2000になるね。いま、300÷0.15になることに納得できていない子もいるようですね。じゃあ、どうして300÷0.15になるのか考え、3人に説明しましょう。

※答えを先に提示しておくこと、立式の理由について焦点化して、話し合うことができます。

（考え、立ち歩いて説明する時間を設ける）

※ここで全員が3人に説明にできなくても構いません。中には、ずっと考え続けている子もいます。全体で考えを交流している中で、新たな問題を解くときに考えることができていればいいからです。

T：では、全体で考えを交流しましょう。

C：私は、4マス関係表を使って考えました。

このようにかけて（右参照）、0.15を1にするには、0.15でわるので、上も同じように割ります。

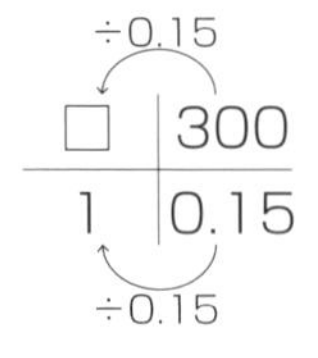

C：私は違う考え方です。これまでの方法を使いました。もとの値段に0.15をかけると300円になります。□を使うと、□×0.15＝300になります。□を求めるためには、300÷0.15になります。

C：私は数直線を書きました（右参照）。この数直線から、式が300÷0.15になります。

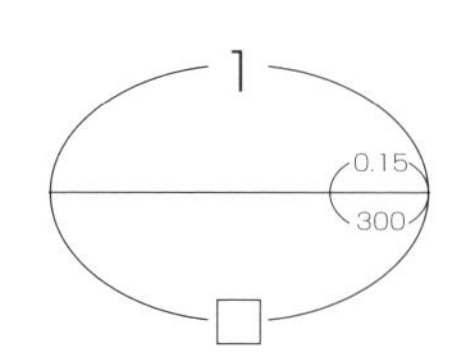

（それぞれの考え方を共有したのち、新たな問題に取り組む）

T：新しい問題は、いま出てきた考え方のうち、どれかを使って、考えましょう。

商品Bがあります。売れないので、20％の値段にしました。
いまの値段は300円です。もとの値段は何円ですか。

C：私は○○さんの考えを使って、４マス関係表を使いました。
300÷0.2＝1500　1500円になりました。

C：僕は○○さんの考えを使いました。□×0.2＝300になります。□を求めるためには、300÷0.2になります。計算すると、1500円になります。

C：私は数直線を書きました。この数直線から、式が300÷0.2になります。計算すると、1500円になります。

（考え、全体で考え方を共有する時間を設ける）

T：今日の授業をまとめます。今日、学習してきたことを言葉の式にすると、くらべられる量÷割合＝もとにする量になります。

T：授業の最後です。授業の振り返りをします。６つの視点を使って、振り返りを書きましょう。

※振り返りを書くときも6つの視点を使っています。ここで出てきた疑問を次の時間に紹介し、その疑問について考えていくときもあります。
算数では、教師が提示した問題から生まれてくる問い、発表をしている中で生まれてくる問い、振り返りをしているときに出てくる問いを大切にして、授業を行っています。

5年国語
大造じいさんとガン

1時間目

① 教師の範読を聞きます
（子どもたちは段落をつけながら、聞きます）
② わからない言葉の意味を確認します
③ 6つの視点（32ページ）を使い、「問い」づくりを行います

2時間目

① グループで「問いベスト3」を決めます
② 自分の問いについて考えます

3時間目……★

① 自分の問い・考えたことを交流します
② 「問い・ストーリー」に自分の問いを関連づけます
③ 10の分析の視点を使い、設定を読み取ります

【10の分析とは】
白石氏（2012、参考文献参照）の10の観点を参考に、アレンジしたものです。
① 時や場所
② 登場人物（中心人物・対人物）

③　キーアイテム
④　登場人物の心情
⑤　語り手
⑥　出来事・事件
⑦　山場（クライマックス）
⑧　言葉のおもしろさ
⑨　主題「この作品で何を伝えたいのか」
⑩　一文で表す
（中心人物）が（出来事）によって（変容）になる話

①〜③はXチャートを使って、物語の時・場所・人物・キーアイテムを確認します。

4時間目

【教師からの問題】
①　1〜3場面を音読します
②　それぞれの場面の作戦名を考えます
③　大造じいさんが作戦に自信があったランキングをつくります

5時間目

【教師からの問題】
①　大造じいさんのすごいところを箇条書きでできる限り書きだします
②　グループで、大造じいさんのすごいところを言い合い、ランキングを決定します

6時間目

【教師からの問題】
①　1〜3場面を音読します
②　3場面の最後に一文を付け加えるとしたら、どちらを付け加える

かを考え、選択した理由を交流します

A　大造じいさんは残雪をうたなかったのです

B　大造じいさんは残雪をうてなかったのです

7時間目

【教師からの問題】

① ハヤブサが現れたときの大造じいさんの気持ちを考え、交流します

② 傷ついた残雪を見たときの大造じいさんの気持ちを考え、交流します

③ ハヤブサ事件は誰にとってもっとも予想外だったのか、ランキングを考え、そのランキングにした理由など交流します（ランキングは大造じいさん、残雪、ハヤブサ）

8・9時間目

【シンキング課題】

① シンキング課題「もしあなたが椋鳩十ならば、続きの5場面を書こうとしたとき、どのような文を書きますか」に取り組みます

② 文を読み合います

③ 5場面ベスト3を決定します

（自分の1～3位を決め、投票します。1位3ポイント、2位2ポイント、3位1ポイントで計算し、クラス全体でベスト3を決めます）

10時間目……★

① 問い・ストーリーを整理します

② 2時間目で考えた問いについて再度考えます

③ 2時間目で考えたことと比較します

④ その上で6つの視点（84ページ）で振り返りをします

※62～63ページで紹介した問い・ストーリーが次のページのようになります。問い・ストーリーの書きぶりは一人ひとり異なります。

●単元終わりの問い・ストーリー

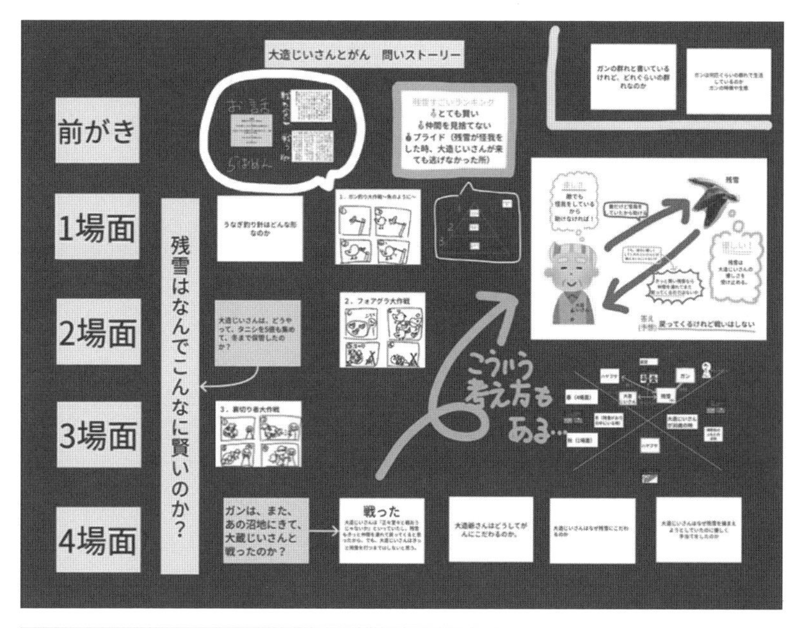

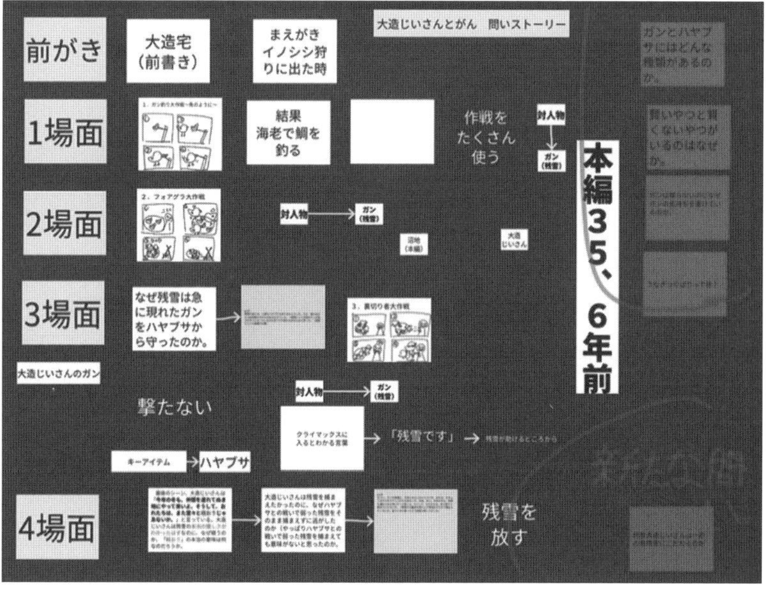

【3時間目】

T：自分の問い、そしてその問いに対して自分が考えたことを交流します。では、いまから５分間立ち歩いて、自分が考えたことを話しましょう。話し終えたら、サインをお互いにしましょう。

（５分後）

T：では、全体で自分が考えたことを交流します。

C：僕は「なぜ大造じいさんはガンをねらったのか」という問いについて考えました。僕は男の意地だと思いました。一生懸命に考えた罠をことごとく避けていったので、「あいつ！絶対捕まえてやる！」と思ったのだと考えました。

※全員の問いをこの時間で扱うことはできません。なので、最初に立ち歩く時間を設けました。全体で交流するときには、「付け足し」「反対」など考えをどんどん発表する場を設けます。事前に考えていない問いの話題でも、考えを発表してもよいようにします。

（何人か交流した後）

T：みなさん、自分なりの考えをしっかり持つことができていましたね。ここで自分の問いを問い・ストーリーと関連づけていきます。自分が考えた問いはどの場面につながっているのか考えてみましょう。

T：では、作品をより深く読み解いていくために、これからみんなで問題を考えていきます。今日はまずは物語の設定を確認するために、10の分析をしていきます。

※10の分析を子どもたちに示しながら、子どもたちに考えさせていきます。

（時間をとる）

T：登場人物は誰ですか？

T：中心人物は誰ですか？

T：場所はどこでしょうか？

※設定を子どもたちと確認していきます。「物語の時・場所・人物・キーアイテム」は必ず共有しておきます。

【10時間目】

T：今日が単元最後の学習です。まず問い・ストーリーを整理します。

※単元全体でどのような学習をしたのかを振り返らせるために行いました。

（問い・ストーリーを整理する時間を設ける）

T：２時間目で考えた問いについて、一人ひとりでもう一度考えます。みなさんは２時間目にどのような問いについて考えましたか。

※このように問いかけることで、自分がどのような問いについて考えたのか思い出すようにします。

T：では、その問いについてもう一度考えてみます。

（考える時間を設ける）

T：いまから２時間目に考えたことと、今日考えたことを見比べてみましょう。

※中には考え方に変容がない子がいます。そのときは、「最初からしっかりと読み取れていたんだね」と言うことも１つの手です。

T：何か変わったことはありますか。変わったことを全体で交流しましょう。

C：私は「なぜ大造じいさんが残雪を助けたのか」という問いで、最初はよくわからなかったけど、いまは大造じいさんとほかのガンとの関係とは違う関係なんだと思いました。なぜなら……。

※変容を発表する場を設けることで、学びの深まりを子どもたち自身が実感することができます。

（何人か交流した後）

T：最後に、６つの視点を使って、振り返りをしましょう。

（時間をとる）

T：みなさん、どのような振り返りをしたのか、全体で交流しましょう。

C：私は新たな問いが出てきました。新たな問いは「ガンは何年いきるのか」です。なぜなら何年間もずっと出てきているからです。

5年社会
水産業のさかんな地域

1時間目……★

① 資料「主な漁港の水あげ量」「主な国の１人あたりの魚や貝の消費量」の資料を読み取り、読み取ったことを共有します

② 日本の周りではどのような魚がとれるのかを調べます

③ ６つの視点（32ページ）を使い、「問い」づくりを行います

2・3時間目……★

① グループで問いベスト３を決めます

② 自分の問いについて考えます

③ 自分の問い・考えたことを交流します

④ 「問い・ストーリー」に自分の問いを関連づけます

4時間目

「沖合漁業はどのように行われているのか」について考えます。

5時間目

「長崎漁港に水あげされた魚は、どのようにして食卓へ届くのか」について考えます。

6時間目

「遠洋漁業はどのように行われているのか」について考えます。

7時間目

「かつおが多く水あげされる焼津漁港はどのようなところでしょうか」について考えます。

8時間目

「つくり育てる漁業には、どのようなくふうや努力があるのか」について考えます。

9時間目

① 問い・ストーリーを整理します
② ２時間目で考えた問いについて再度考えます
③ ２時間目で考えたことと比較します
④ その上で６つの視点（84ページ）で振り返りをします

10時間目

① シンキング課題「もしあなたが新聞記者なら漁師を増やすためにどのような新聞を作りますか」に取り組みます
② 新聞を交流する
③ それぞれの感想を言い合います

※問いについて考えるとき以外も教科書・資料集などを使って調べるようにしています。

【1時間目】

（資料「主な漁港の水あげ量」を提示）

T：今日から日本の水産業について学習をしていきます。
資料「主な漁港の水あげ量」を見て、気づいたこと、わかったこと、何が書かれているのかなどをノートに箇条書きでできる限り多く書きましょう。

※子どもたちが考えているとき、「もう５個書いている子もいるよ」と言うと励みになる子もいます。子どもたちは箇条書きの方が書きやすいです。

（５分間→全体交流）

T：資料「主な国の１人あたりの魚や貝の消費量」を見て、気づいたこと、わかったこと、何が書かれているのかなどをノートに箇条書きでできる限り多く書きましょう。

（５分間→全体交流）

※「読み取りましょう」と言われると、子どもたちは身構えてしまいますので言い方を変えます。気づいたこと、わかったことという聞き方をしているため、子どもたちは素直な気持ちで考えを発表してくれます。そして、子どもたちから出てくる考えを否定してはいけません。

T：この２つの資料から「多くの魚介類をとっている」ということがみえてきました。では、日本の周りのどこで、どのようなが魚介類がとれるのかを調べます。調べる方法は、教科書や資料集を使って調べましょう。

（５分間→全体交流）

T：最後に、この時間に学んできたことをもとに、そして単元「水産業」をテーマに、６つの視点を使い、問いづくりを行いましょう。

（問いづくりを行う時間を設ける）

【2・3時間目】

T：最初に、グループで問いベスト3を決めます。よーい、スタート！

(15分は設けたい)

T：今日は時間があまりないので、ベスト1に選ばれた問いについて考えます。考え終わったら、ベスト2についても考えてOKです。

(10分は設けたい)

T：問い、そしてその問いに対して自分が考えたことを交流します。では、いまから5分間立ち歩いて、自分が考えたことを話しましょう。話し終えたら、お互いにサインをしましょう。

※時間の都合によっては、いきなり全体交流でも構いません。

(5分後)

T：では、全体で自分が考えたことを話し合います。

C：私は私が大好きなマグロの漁獲量がどうなっているのかについての問いを持ちました。調べてみると、まぐろにいろいろな種類があることがわかりました。そして、静岡県が一番多いことがわかりました。

C：そうなんだ！　僕はテレビ番組とかでやっていたので、青森県が一番だと思っていた！

(何人か交流した後)

T：問い・ストーリーで自分の問いを関連づけましょう。
問い・ストーリーには小単元でどのような学習をしていくのかを載せています。自分の問いがどこに関連づけられるか、整理をしてみましょう。

(時間を設ける)

C：先生！　どうしても問いが関連づけられません。

T：じゃあ、どうしても関連づけることができない問いは、「その他」をつくってそこにまとめておきましょう。

※社会は、単元と関連づけられないような問いも生まれてきます。それらも否定せずに受け入れましょう。そういった問いは問いベスト3にはなかなか選ばれることはないです。

5年理科
流れる水の働き

1時間目……★

① シンキング課題「水を流さずに、山から海までの川を再現せよ」について知り、現時点での自分の考えを書きます
② 考えを交流します
③ 「問い」づくりを行います

2時間目

① 「問い・ストーリー」に自分の問いを関連づけます
② 自分の問いについて考えます

3・4時間目

「流れる水には、どのような働きがあるだろうか。また、水の量が増えると、流れる水の働きはどうなるだろうか」について、運動場で土の山を作り、実験をします。

5時間目

「上流の石と下流の石ではどのように違いがあるだろうか。また、どうしてこのような違いができたのか」について考えます。

6時間目

「川の水の量が増えるとどうなるだろうか。また川の量が増えると、流れる水の働きで土地の様子はどうなるのか」について考えます。

7時間目

① 「こう水にそなえるために、どのような工夫をしているのか」について考えます

② 6つの視点（84ページ）でこれまでの学習について振り返りをします

8時間目……★

① シンキング課題「水を流さずに、山から海までの川を再現せよ」にグループごとに取り組みます

② どのように再現をしたのかを交流します

③ シンキング課題を振り返ります

※それぞれの時間で「実験（観察）➡結果の処理➡考察➡結論」という過程を適宜取り入れています。

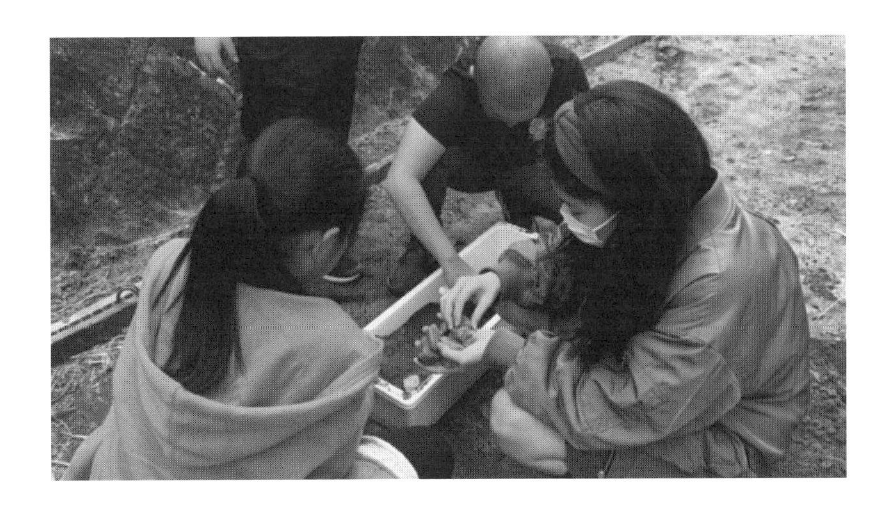

【1時間目】

T：今日から新たな単元「流れる水の働き」の学習を行っていきます。
　流れる水の働きって聞いて、みんなどんなことをイメージしたかな？

C：土とかを運ぶ。

C：何かを削ったりするんじゃない？

（子どもたちの考えを交流後）

T：いろいろな考えが出てきましたね。
　これからの学習で、「流れる水の働き」を明らかにしていきましょう。
　そして、単元の最後には、このシンキング課題に取り組みます。

水を流さずに、山から海までの川を再現せよ

C：え！　川を再現するの？　おもしろそう！

C：ジオラマを作るみたい。

C：え？　どういうこと？

T：川って山から海まで一直線の川になっている？

C：そんな川見たことない 。

T：そうだよね。だからできる限り川を再現してください。じゃあ、現時点でどのような川を再現しようと思うのか、自分の考えをまとめてみましょう。

C：先生、絵で描いてもいい？

T：絵で描いてもいいですよ！　（考える時間を設ける）

T：では、考えを交流していきましょう。（全体で交流する）

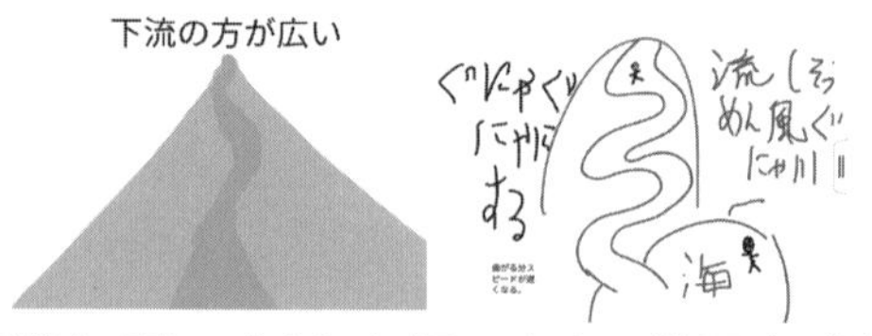

T：では、最後に問いづくりを行います。単元名「流れる水の働き」、
　シンキング課題から６つの視点をもとに問いをつくりましょう。

（個人で問いをつくる）

【8時間目】

(運動場の隅に集合)

準備物……プランター・スコップともに各班1つ

T：いまから各グループに分かれて、シンキング課題に取り組みます。
このプランターの中に山から海までの川を再現します。
制限時間は20分です。よーい、スタート！

(20分経過)

T：時間がきました。ストップです！

T：では、いまから各班の川を見てまわります。

(5分くらい時間をとる)

T：ほかの班を見て、よかったと思うところを発表し合いましょう。

C：僕は1班の川がよかったです。なぜなら中洲があったからです。

C：僕は2班の川がよかったです。なぜなら、川の内側、外側を再現していたからです。

C：私は5班の川がよかったです。なぜなら、石や砂を使って、上流・下流の石の形を再現していたからです。

※それぞれの班のよさが発表されたとき、班の子たちに再現するときにどのようなことに気をつけたのかを付け足しで発表する場を設けることで、より各班のよさがわかります。すべての班が出てこないときには、その班の子たちにどのようなところを頑張ったのかを発表し合います。

(共有をした後)

T：では、教室に戻りましょう。

(教室に戻る)

T：シンキング課題についての振り返りをします。どのようなことに気をつけて作ったのか、実際に作ってみてどうだったのかをまとめましょう。

(まとめる時間を設ける)

T：まとめたことを全体で交流しましょう。

道徳授業全般の流れ

①教師の範読

　範読をしながら、話の設定を確認しておきます。

　後半に時間をとりたいため、②道徳読みに慣れてくると、教師が範読しているときに道徳読みを行うようにします。

②道徳読み

　道徳読みとは、横山氏（広山2018）が提唱する授業法です。道徳読みでは、文章から良い道徳、悪い道徳を子どもたちが見つけます。樋口学級では、良い道徳には赤線、悪い道徳には青線を引くようにしています。

③道徳読みを交流

　②で見つけた良い道徳、悪い道徳をグループで交流、全体で交流します。グループでの話し合いは５分程度設定しますが、いつも白熱し、５分では足りないほどです。

　学年当初は、「良い道徳（悪い道徳）を言っていきましょう」と順序立てて行ってきましたが、慣れてきたときに、良い道徳、悪い道徳のどちらかでも発表をしてもよいようにしました。そうすることで、「付け足し！」「反対！」といった声が子どもたちから聞こえてくるようになりました。

④道徳読みをもとに問いづくり

「文を読んでいて、ひっかかったこと・『？』と思ったことを『問い』にしよう」と言うと、子どもたちは問いをつくりやすくなります。まずは個人で考えます。最初のうちは、他教科と違い、問いがつくりづらい、問いが焦点化されづらいという印象があります。そこで、問いづくりが難しい子には、教科書に載っている問いを参考にするように伝えます。また、１人では問いをつくることが苦手であっても、グループで問いを１つに絞る話し合いで、友だちの問いを聞いたり、考えを聞いたりする中で自分の問いが持てるようになります。グループで問いを１つつくります。

⑤全体で問いを共有

どのような問いを班ごとにつくったのかを全体で交流します。全体で交流することで、ほかの班の問いに興味を持つことができたり、自分たちの問いと比較をして、共通点や相違点を見つけたりします。問いが似ていたグループは展開によっては、⑥で一緒に考えてもよいです。

⑥グループごとに問いを考える

グループごとに問いについて考えていきます。まずは個人で自分の考えをまとめてから話し合うのか、いきなり話し合うのかは、問いの内容やグループの子たちの実態に応じてアドバイスをしていきます。

⑦全体でどのように考えたのかを共有

それぞれの班がどのように考えたのかをただ発表していくのではなく、それぞれの発表に対して考えをどんどん言わせていくことで、考えを深めていくことができます。

⑧振り返りをする（71ページ参照）

おわりに

私は日々授業に悩んでいます。そんなことをSNSで書くと、「先生も悩むことがあるのですか⁉」と驚かれることがありますが、悩んでいます。授業中の子どもたちの反応から、「こうすればよかった」と反省し、「次の時間にはこうしよう」と改善点を考える日々です。次の時間に実際に改善を行ったものの新たに「こうすればよかった」という反省が出てきて、また改善点を考え……。反省→改善のスパイラルの日々です。これが苦しくもあり、楽しくもあります。

本書を書き上げるために、忘れてはいけないのは樋口学級36人の子どもたちです。36人の子どもたちの表現物、反応により6つのステップが現在の形へとできあがっていきました。とくに「問い・ストーリー」です。「問い」「問いについて考えたこと」を初めて行い、単元を進めていったときに、どうも「問い」「問いについて考えたこと」が授業、単元と関連していない、バラバラになっている感じがしました。このままでは、「問い」を授業に取り入れる必要性、有効性を子どもたち自身が実感しません。そこで試行錯誤の結果できたのが、「問い・ストーリー」でした。つまり、子どもたちがいなければ、6つのステップはできなかったことでしょう。樋口学級36人の子どもたち、ありがとう‼

本書で紹介した問いを取り入れた授業は、私のゴールではありません。これから先も反省→改善を繰り返し、よりよくしていきます。読者のみなさんもご自身で問いを取り入れた授業をアップデートしていっていただきたいと願っています。

最後になりましたが、企画の持ち込みのときからあたたかく見守っていただき、出版にいたるまでお力添えいただきました学陽書房の山本聡子氏、福井香織氏には大変お世話になりました。この場を借りて心よりお礼申し上げます。

2020年2月

樋口 万太郎

【参考・引用文献】

- ダン・ロスステイン、ルース サンタナ『たった一つを変えるだけ』新評論、2015年
- 鹿嶋 真弓、石黒 康夫編著『問いを創る授業』図書文化社、2018年
- 木村明憲『情報学習支援ツール実践カード＆ハンドブック』さくら社、2016年
- ロン・リチャート、マーク・チャーチ、カーリン・モリソン『子どもの思考が見える21のルーチン』北大路書房、2015年
- 文部科学省『小学校学習指導要領（平成29年告示）解説算数編』日本文教出版、2018年
- 文部科学省『小学校学習指導要領（平成29年告示)』東洋館出版社、2018年
- 樋口万太郎『クラス全員をアクティブな思考にする算数授業のつくり方』明治図書出版、2017年
- 樋口万太郎『できる！楽しい！アクティブ・ラーニング型算数授業』東洋館出版社、2016年
- 広山隆行編著『道徳読み』さくら社、2018年
- 瀧澤真編著『〈道徳読み〉活用法』さくら社、2019年
- 白石範孝『白石範孝の国語授業の教科書』東洋館出版社、2011年
- 青木伸生『「フレームリーディング」でつくる国語の授業』東洋館出版社、2013年
- 青木伸生『フレームリーディングで文学の授業づくり』明治図書出版、2017年
- 桂聖編著『「Which型課題」の国語授業』東洋館出版社、2018年
- 長崎伸仁編著、長崎ゼミナール著『物語の「脇役」から迫る 全員が考えたくなる しかける発問36』東洋館出版社、2016年
- 朝倉一民『板書 ＆展開例でよくわかる　社会科授業づくりの教科書５年』明治図書出版、2018年
- 筑波大学附属小学校算数研究部『算数授業研究』125号、東洋館出版社、2019年
- 西岡加名恵編著『資質・能力を育てるパフォーマンス評価』明治図書出版、2016年
- 西岡加名恵、石井英真編著『Ｑ＆Ａでよくわかる!　見方・考え方を育てるパフォーマンス評価』明治図書出版、2018年
- 西岡加名恵、石井英真編著『教科の「深い学び」を実現するパフォーマンス評価』日本標準、2019年
- 文部科学省検定済教科書『みんなと学ぶ小学校算数５年』学校図書、2014年
- 文部科学省検定済教科書『国語五　銀河』光村図書出版、2015年
- 文部科学省検定済教科書『新しい社会　新編５上・下』東京書籍、2018年
- 文部科学省検定済教科書『新版たのしい理科５年』大日本図書、2018年

【参考・引用サイト】

- 首都圏模試センター

https://www.syutoken-mosi.co.jp/column/entry/entry000668.php
（令和２年２月３日確認)

●著者紹介

樋口 万太郎（ひぐち まんたろう）

1983年大阪府生まれ。大阪府公立小学校、大阪教育大学附属池田小学校を経て、京都教育大学附属桃山小学校に勤務、現在に至る。全国算数授業研究会幹事、関西算数授業研究会（副会長）などに所属。教科書「小学校算数」（学校図書）編集委員。主な著書に『これでどの子も文章題に立ち向かえる！ 算数授業づくり』（学陽書房）『クラス全員をアクティブな思考にする算数授業のつくり方 』『THE 算数・数学科授業開きネタ集』（以上、明治図書出版）『できる！ 楽しい！ アクティブ・ラーニング型算数授業』（東洋館出版）など多数。

子どもの
問いからはじまる授業！
6つのステップですぐ取り組める！

2020年3月18日 初版発行
2020年8月 7日 3刷発行

著　者　樋口 万太郎（ひぐち まんたろう）
発行者　佐久間重嘉
発行所　学 陽 書 房

〒102-0072 東京都千代田区飯田橋1-9-3
営業部／電話 03-3261-1111 FAX 03-5211-3300
編集部／電話 03-3261-1112
振替 00170-4-84240
http://www.gakuyo.co.jp/

ブックデザイン／スタジオダンク
イラスト／尾代ゆうこ
DTP制作／越海辰夫
印刷・製本／三省堂印刷

© Mantaro Higuchi 2020, Printed in Japan ISBN 978-4-313-65396-2 C0037
乱丁・落丁本は、送料小社負担にてお取り替えいたします。
JCOPY 〈出版者著作権管理機構 委託出版物〉
本書の無断複製は著作権法上での例外を除き禁じられています。複製される場合は、そのつど事前に出版者著作権管理機構（電話 03-5244-5088、FAX03-5244-5089、e-mail: info@jcopy.or.jp）の許諾を得てください。